概説
グルントヴィ

近代デンマークの礎を築いた「国父」、
その思想と生涯

アナス・ホルム 著

小池直人　坂口緑
佐藤裕紀　原田亜紀子　訳

花伝社

Copyright © Anders Holm 2023
Published by arrangement with Klim, Denmark through Japan UNI Agency, Inc., Tokyo

概説　グルントヴィ
──近代デンマークの礎を築いた「国父」、その思想と生涯

◆

目　次

日本語版によせて　5

はじめに　7

序　グルントヴィの生涯　11

第1章　ロマン主義者 …… 19

第2章　神話論者 …… 41

第3章　牧師 …… 59

第4章　歴史家 …… 81

第5章　教育者 …… 101

第6章　讃美歌作家 …… 119

第7章　政治家 …… 135

第8章　デンマーク人 …… 151

第9章　デンマークにおけるグルントヴィの遺産 …… 167

第10章　世界のなかのグルントヴィ …… 183

謝辞　215

年表　217

参考文献一覧　220

引用リスト　228

訳者あとがき　231

索引　236

日本語版によせて

　本書が日本語に翻訳されることをたいへん光栄に思います。日本にとって、グルントヴィがまったく見知らぬ人ではないということは、本書の第10章をごらんになるとわかるかもしれません。

　本書は長い道のりを経て刊行されました。もともとは、デンマークの教育界からの期待に応えるためにはじめた取り組みでした。グルントヴィは、デンマークではよく知られた人物で、社会に対するインパクトは大きいです。ただ、グルントヴィの思想を理解することは必ずしも容易ではありません。それでもなお、社会、政治、教会生活など、彼の思想がもたらす影響力は多くの分野に及んでいます。グルントヴィの思想を、多様な側面から理解できる一冊があれば、という声が、教育界から寄せられました。中学校や高校で教職に就く人々の励ましを得て、執筆に取りかかることができたのは、実に幸運なことでした。

　最初の版を刊行したのは、2012年のことでした。数年後、出版社の別の部署から、新しい見解を加えたアップデート版を作成してはどうか、との提案を受けました。そして、偶然にも同じ時期、幸甚なことに、英国人のエドワード・ブロードブリッジ氏から、本書の英語版を刊行したいとの申し出も受けました。この二つの出来事をきっかけに、デンマーク語版と英語版の出版が実現し、さらに、18カ国からの参加者を得て、2018年にロンドンで国際会議を開催することができました。

　結果として、現在、一連の翻訳プロジェクトが進行中です。アラビア語、ドイツ語、ベンガル語、中国語、韓国語、そして日本語です。翻訳プロジェクトのキーパーソンは、コペンハーゲンにあるグルントヴィ・アカデミーに

所属するイングリッド・アンク氏です。アンク氏は、翻訳に関する実務を進め、また必要な資金獲得のために率先して動いてくださいました。この場を借りて心からお礼を申し上げます。

　日本語版の翻訳プロジェクトに関しては、誰よりも翻訳チームの皆様、小池直人さん、坂口緑さん、佐藤裕紀さん、そして原田亜紀子さんに心からお礼を申し上げます。翻訳の労を進んでお引き受けいただき、感謝しております。残念ながら、私自身は日本語を読むことができませんが、このような有能な研究者の皆様に担当いただけたことは、なによりも光栄なことと思っています。心から感謝申し上げます。

　最後になりましたが、N. F. S. グルントヴィ財団、そしてコンスル・ヨルクとエマ・ヨルク財団からの助成にもお礼を申し上げます。

2023 年 12 月
ロスキレにて
アナス・ホルム

はじめに

　コペンハーゲン大学で神学を学んでいた20年前、私はN. F. S. グルントヴィに関する授業を選択した。夢中になったといっても言い過ぎではない。今、思い返すと、ほかの人にとっては、私が夢中になるのも意外ではなかったかもしれない。私はグルントヴィと同じ国に生まれたというだけではなく、家族のなかには牧師を務めた者が何人もおり、それも、グルントヴィその人につながる19世紀以来の「グルントヴィ派」に連なっている。
　それゆえに、私が今、このような文章を書いていることは当然なのかもしれない。グルントヴィは私にとっての運命であり、長いあいだそうであった。実際、小学校の担任によると、ある日、学校で先生がある歌に関連してグルントヴィの名を口にした時、6歳だった私はその場で、グルントヴィだったら父の仲良しだよ、とクラスメイトに話したのだと言う。
　デンマークにいると、どこにいってもグルントヴィの名に出くわすような気がする。グルントヴィは教育制度、教会、政治、福祉制度の背後に、あるいはスポーツや音楽シーンの背後にさえ存在する。意見が大いに異なることがあるかもしれないが、彼を好ましく思う人も思わない人もいるかもしれないが、グルントヴィがデンマークを一つの国、そして一つの社会とすることに、大いに貢献したことは誰も否定できないだろう。
　しかし、なぜ、19世紀のたった一人の人物が、人口570万人の小国に、ここまで大きな影響を与えることになったのだろうか。「世界でもっとも幸せな国」とされるデンマークにとって重要な人物は誰かという質問に、グルントヴィの名を挙げる人は少なくない。そして、なぜ、デンマークや北欧諸国、ヨーロッパだけではなく、フィリピン、韓国、日本、中国、インド、バングラデシュ、カナダ、そしてアメリカなど、今日、世界のあちらこちらでますますグルントヴィの思想に関心が寄せられるようになったのだろうか。
　デンマーク語で刊行した本書を英語に翻訳し、さらに改訂した背景には、

このような問題関心がある。本書は、グルントヴィについて、その生涯とテキストを扱ったものである。ただし、この本は同時に、デンマークを理解する鍵にもなると考えている。そして、我々の隣人スウェーデン人にも同意いただけるように、グルントヴィにつながる世界は、必ずしもデンマークだけではない。この点を明らかにするためにも、本書が、グルントヴィ現象を世界に届けるガイドとなればと考えている[1]。

　グルントヴィの思想を理解することは簡単ではなく、私自身もその全体像を読解できたわけではない。しかし、何年もかけて学ぶうちに、私は十分に包括的だと信じる点に到達した。本書は、そのような観点からグルントヴィのもつさまざまな側面に関する文章をまとめたものである。グルントヴィがここまで大きな影響力をもつようになった理由は、特定の分野の功績によるものではなく、その生涯と多様な作品群を指し示すことによってのみ可能だと私は考える。

　デンマーク国教会ルター派の牧師としての仕事のほかに、グルントヴィは精力的に讃美歌を制作し、詩を書き残し、歴史、神話、哲学に関する膨大な著作を著し、自費で雑誌や小冊子を発行した。印刷された書物は二万五千ページに上り、そのほかにも何千ページもの未完の著作があると言われている。グルントヴィはまた、歴史、政治、教育に関する公開講座を開催した。1849年には憲法制定議会の議員に就任し、その後、断続的に17年間、国会議員も務めた。けれどもなによりも、グルントヴィはデンマーク語の讃美歌を生み出した人として、また国民教育を生み出した思想家として、言論の自由論者として、そして、国家、教会、教育のあいだのバランスをとるべきだとの主張をおこなった人物として知られている。

　加えて、グルントヴィが生まれたのは、哲学、詩、教育、国民国家の形成といった観点において、デンマーク、そして西洋の歴史にとっても非常に重

---

[1] 本書は、デンマーク語による『グルントヴィ案内 (*Grundtvig -Introduktion og tekster*)』(Systlime 2012) および『概説グルントヴィ (*Grundtvig - En introduktion*)』(Filo 2018) に基づいている。本書の英訳者は、グルントヴィに関する5冊シリーズ『英語版グルントヴィ著作集 (*N.F.S.Grundtvig; Works in English*)』の翻訳者であり編者でもある、エドワード・ブロードブリッジである。

要な時期だった。一般的に「近代」と呼ばれる時代に移ろう開拓者の一人だった。大人になってから暮らした首都コペンハーゲンでは、世界的に知られる二人の──けっして親しいわけではなかった──人物、すなわち、童話作家のH. C. アンデルセンと哲学者セーレン・キルケゴールと同じ時代を生きたのだ。

　グルントヴィは、国際的には、ヘルダー、ゲーテ、シェリング、フィヒテ、ヘーゲルといった、（ほぼ）同時代を生きたドイツの思想家や詩人たち、あるいはブレイク、コールリッジ、さらにはシェイクスピアといったイギリスの詩人たちと比較されてきた。教会史の文脈では、ウェスレー兄弟との類似がしばしば指摘されるが、教会だけでなく、国家や学校にも影響を与えた点で、誰よりもマルティン・ルターとの比較が可能だろう。グルントヴィはあらゆる意味で教育を重視した。この点から、ブラジルのフレイレ、インドのタゴールとの類似性を指摘する人もいるし、ワシントン、エマーソン、フランクリンといったアメリカの思想家、さらにはトクヴィルとの関連を指摘する人もいる。

　たしかに、グルントヴィの名は、教育、政治、市民権などに関する学会や議論の場にしばしば登場する。2000年以降、欧州連合（ＥＵ）は、「成人の知識と技能を身につけ、能力をさらに伸ばすことを目的とする」グルントヴィ・プログラムを運営してきた。グルントヴィの名はまた、マハトマ・ガンジー、マーティン・ルーサー・キング・ジュニア、バラク・オバマが、公民権と普通教育を求めて闘った際のインスピレーションの源として引用されてきた。

　文学の世界では、グルントヴィは、古英語の叙情詩で、紀元後800年から1000年までのあいだに書かれた『ベーオウルフ』を初めて現代語に翻訳したことで知られている。神学者や教会関係者のあいだでは、なによりもまず讃美歌の作詞者としての貢献がよく知られており、それらの讃美歌が翻訳されるようになるにつれ、デンマーク以外の国々でも、讃美歌作家としての一面が知られるようになってきた。

　本書はグルントヴィに関する簡単な生い立ちを振り返るところから始まる。第1章から第8章までは、グルントヴィが残した作品の様々な側面を扱った。

各章には、章の主題に関する解題につづき、その主題を説明する3、4種類の代表的な原典を紹介している。選ばれた主題とその構成は、おおよそ、グルントヴィが公の舞台に登場した時期にしたがって組み立てた。読者の方々も、本書をとおして、グルントヴィのおおまかな人生の軌跡をたどることができると思う。第9章と第10章は、グルントヴィが現在のデンマーク社会、そして世界各地に残した足跡をまとめたものである。最後に、年表と索引を付している。

『概説グルントヴィ』は、講義や授業のテキストとして用いることができると同時に、グルントヴィの作品の中核となる概念を理解するためのガイドとしても利用できる。各章を順に読み進めても、別々に読んでもかまわない。本書のベースとなっている英訳版は可能な限り、オーフス大学出版から刊行されている5巻本のシリーズ *N.F.S. Grundtvig; Works in English* を参照した。詳細は巻末のリストを参照されたい。

アナス・ホルム　ロスキレにて
2019年3月

序　グルントヴィの生涯

　ニコライ・フレゼリーク・セヴェリン・グルントヴィは、1783年9月8日、南シェラン島のウズビュの村に生まれた。彼は7人の兄弟姉妹の末っ子だったが、彼らの多くは早く亡くなってしまった。フレゼリークの養育期は、教区の牧師であった父親の保守的なルター派キリスト教によって特徴付けられる。周知のようにフレゼリークは、母親と、高齢のメイドだったマレーネ・イェンスダッターから多くのことを学んだ。ちなみに彼は後者を「ことばの女先生」と呼んだ。そのことが意味したのはおそらく、彼女がフレゼリークに歌や讃美歌を歌い聞かせ、彼の想像力に残る刺激的な物語をいろいろ語って聞かせたことである。

　当初はそのように家庭教育が行われたのだが、9歳の時に彼は家族の友人に預けられた。その友人は遠く離れたユラン半島の中部にあるチュレゴーに住んでいたが、その地でオーフス大聖堂のギムナジウムへの入学準備をしたのである。その後グルントヴィはオーフスで2年を過ごして、コペンハーゲンに移って神学を学んだ。大学で彼はイエスの温和な教えや人間理性の至高性を強調した啓蒙神学に影響を受け、「古風のキリスト教」に眉をひそめたのであった。

　この時期の日記で、グルントヴィは大学では必ずしも学業に専念しなかったと認めている。彼の従兄のヘンリーク・ステフェンスによって行われた連続哲学講義は、影響力のあるドイツ・ロマン主義運動をデンマークに導入するという功績を残したが、それでさえ、グルントヴィには直接的な感銘を与えるものではなかった。後年になるまで、グルントヴィはステフェンスの彼に対する影響を認識しなかったのである。

片思いの恋と最初の著作
　20歳の時グルントヴィは神学部トップクラスの成績で大学を離れる。数

年間家族や友人とともに過ごし、私的な試みに挑み、作家そして詩人として歩み始めた。そして 1805 年の春に、6 歳の少年だったカール・ステンセン・レスの家庭教師の仕事を引き受けて、ランゲラン島にあるエーレッケの荘園に滞在する。だがグルントヴィの生活は混乱した。彼が密かに少年の母親で 28 歳になるコンスタンス・ステーンセン・レスに恋心を抱いたからである。強いが満たされない感情を埋め合わせるために、彼はロマン主義と北欧神話論に深くのめり込むようになったのである。

このことは彼が 1806 年から 10 年の期間に最初の彼の主要な作品を公表するきっかけになった。1808 年に彼はコペンハーゲンに戻り、3 年間シューボーエの学院で歴史と地理の教師として働くことになった。この間、彼は著作活動を優先的に進めた。

そのおりに、新しい人生が捻じれたかたちで展開した。それは年老いた父親が代理牧師として働くよう彼の故郷ウズビュにグルントヴィを呼び戻した時である。コペンハーゲンでの将来の夢と、幼年期を過ごした故郷の家にいる父からの要請に対する義務とのあいだで心が引き裂かれたのだが、結局グルントヴィは後者を選んだ。牧師に昇任するために彼は資格を得る説教をしなければならなかった。その説教に彼は「なぜ主のことばは教会から消え失せたのか」というタイトルを付けた。彼は試験には優秀な成績で合格したが、その挑発的な説教の出版によって聖職者のあいだに論争を引き起こした。教会は民衆を欺いてきたと彼は主張したからである。

神経衰弱と最初の牧師の歳月

1810 年が終わる頃、グルントヴィは鬱病を患った。友人の助けを借りてウズビュに帰郷したグルントヴィは、そこで 3 カ月療養した。彼が最初の讃美歌「麗しきは真夜中の空」を書いたのはその頃だった。1811 年 6 月 16 日にようやく、グルントヴィはウズビュで最初の説教を行った。そしてわずか 3 カ月の交際を経てファルスターの牧師の娘、エリザベス・リセ・ブリッヒャーと婚約した。ふたりは長年の知り合いだった。婚約は 7 年続き、その間グルントヴィは彼女をサポートしようと生業に専念した。2 年間父親の代理牧師としてウズビュで過ごし、たくさんの説教を行ったのだが、そのこと

で当時の教会が牧師を仲介して国家を援助していたことを学ぶ。その活動には市民登録だけでなく、戦争や伝染病についての市民教育や情報伝達も含まれていた。

　1813年の父親の死とともにグルントヴィはコペンハーゲンに戻った。彼は様々な牧師ポストに応募したが、彼の評判は、聖書キリスト教についての挑発的かつ保守的な著作や厳格なルター派としての信仰、デンマーク国教会に対する改革願望の表明によって、けっして高くはならなかった。彼が、著名な科学者H. C. エルステッズを含むコペンハーゲンの知的エリートたちを強烈なレトリックで、精神世界における虚言家とか欺瞞者として非難したことも、事態を好転させはしなかった。彼は自分自身を、誤解された預言者と自称していた。

　1915年にグルントヴィは牧師の職探しを諦め、作家の仕事に戻った。1816年から19年まで、彼は独力で個人出版の学術雑誌『デーンの防塁』（*Danne-Virke*）を公刊したが、それは時事的論説から太古の時代のテクスト、哲学的研究、デンマーク史に関わる詩歌からなる多種多様な主題を含んでいた。

　友人たちや国王からのわずかな奨学金を支えとして生計をやりくりするなかで、彼は1818年にリセ（エリザベス・ブリヒャー）と結婚し、彼女とのあいだに二人の息子と一人の娘をもうけた。この時期にグルントヴィはイギリスの古詩『ベーオウルフ』の翻訳（最初の近代語訳）やサクソーおよびスノッリの歴史的作品の翻訳を出版したのである。

「比類ない発見」

　ついに、国王の援助によってグルントヴィは1821年にプレステーの牧師になり、その後にコペンハーゲンの救世主教会に異動した。1825年には、後に「比類ない発見」と呼ばれた経験をした。すなわち、キリスト教の核心は聖書ではなく、新約聖書が形成される前に存在した生きた教会だという発見である。（イエスにより制度化された）洗礼と聖餐の聖礼典に加えて、グルントヴィは使徒信条という口承伝達の基礎もまた、書かれた聖書に先立って成立していたと考えたのである。

この新たな洞察とともに、彼は著述によって神学教授 H. N. クラウセンを激しく攻撃した。クラウセンの学術的アプローチは啓蒙の興隆に続いて生まれた歴史に関する史料批判の影響を受けていた。『教会の応酬』（1825）でグルントヴィはクラウセンを異端者と呼び、彼がキリスト者であるという考えを捨て大学のポストから退くよう勧告した。グルントヴィを驚かせたのは、クラウセンの応答が、グルントヴィを名誉毀損で訴えるというものであり、この訴えが成功したことである。グルントヴィは有罪判決を受け、生涯にわたる検閲を科せられた。しばらくは当局の許可がなければ彼の出版は認められなくなったのである。これらの状況変化にひどく失望し、グルントヴィは自ら国教会の牧師の職を辞したのである。

教育、讃美歌の創作、政治

しかしながら、趨勢はグルントヴィの流儀へと変わりはじめた。少しずつ彼は賛同者を獲得していったし、国王の財政支援で 1829 年から 31 年の夏にイギリスで時を過ごした。彼はその地で刺激を受け、デンマークに戻って教育や政治、教会の分野で活発に活動するようになった。イングランドからグルントヴィはリベラルな価値による自由を学び、それが後の生涯でキーワードになった。彼は多くの論説を書きはじめ、フォルケホイスコーレおよび典礼と礼拝の自由によって特徴付けられる教会を推進した。1837 年にはグルントヴィの検閲裁定が解除され、それに続く歳月に歴史やその当時の諸々の事件についての公的講義『生ける記憶のなかで』が多くの聴講者を惹きつけた。1839 年に彼はコペンハーゲンの中心地にあるヴァルトウ病院教会の牧師に任命されるが、その教会は後の彼の生涯で多くのことがらに関与する際の本拠地となった。

この時期を通じてグルントヴィは、デンマーク国教会を再活性化するための讃美歌を書き続けた。友人の財政支援によって彼は勤勉に働き、彼自身の手による讃美歌集を創作した。それは『デンマーク国教会のための歌集』と名付けられた。

1843 年から 44 年の冬に、グルントヴィはもうひとつの連続講義、ギリシア神話論と北欧神話論の講義を行った。この時彼の聴講者は女性を含むかた

ちの新しいやり方であり、そのことで彼自身は混乱状態となった。だが、彼の説教と同様、講演という形式とそれに続く出版物は、グルントヴィの目的に叶ったものであり、彼の人気は高まった。様々な主題にかかわって彼は自由に話すことができるようになり、そのなかには王政への批判や彼のフォルケホイスコーレ思想の推奨も含まれ、その際に比較的年齢の高い学生たちは国をどう運営するかを学ぶことができた。デンマークはそのおりには、1660年以来経験してきた絶対王政から代議制政府の形態に向かって動いていたのである。

　だがしかし1844年のことだが、二度目の鬱状態が彼の気分を低迷させた。それに続く歳月で、残念なことに、政府に積極的な意向は見られず、ソーアにフォルケホイスコーレを設立するという希望が叶わないこともしだいにわかってきた。とはいえ、グルントヴィは元気を取り戻し、1848年から49年に憲法制定議会の議員となる。議会は1849年に民主主義憲法を可決した。グルントヴィは当初「民衆の統治」に懐疑的であった。それはフランス革命に見られる暴徒支配を恐れてのことだが、しかし、徐々に絶対王政から民主的政府の形態への移行を受け入れるようになった。彼は短期間の中断を含むが10年にわたって下院議員であったし、82歳という高齢時にも6カ月間上院議員を務めた。議会でグルントヴィの助言は聴取されたが、それにしたがう者はまれであった。彼の議会活動の重要性は間接的なものだったといえる。

民主主義とデンマークらしさ

　1848年から51年までグルントヴィは『デンマーク人』と呼ばれる週刊雑誌を独力で出版した。そのなかで彼は諸々の政治的変化について論評し、スレースヴィ公国およびホルスタイン公国という南デンマークの国境地帯をめぐるドイツとの紛争についてコメントした。彼の二人の息子はそこでの戦闘に参加したのである。これらの歳月に彼は「国民性」（フォルケリヘズ）を構成するものの思想を定式化した。すなわち、共通の歴史、共通言語、およびこれらにもとづく共通文化である。なによりもまず「国民性」はそれに所属しようと望む人々からなる。この知識がなければ、グルントヴィはデンマークが国を併合しようとするドイツの圧力をはねのけて生き残れると確信をも

てなかったであろう。

　1851年の春、グルントヴィの妻リセが長い闘病の末に他界した。多くの人々が仰天したのは、グルントヴィがその10カ月後に再婚したこと、二番目の妻がマリエ・トフトで、30歳年下の富裕な未亡人だったことである。またもや鬱病に悩まされたにもかかわらず、彼は1854年まで幸福な結婚生活を送った。だがその年、彼の息子フレゼリークの誕生後の込み入った事情のなかでマリエは生涯を終えた。グルントヴィは幾人かの有力な詩人仲間にグルントヴィ夫妻がいかに愛し合っていたかを書き送った。彼女の死はことばでは言い尽くせない痛みをグルントヴィに与えた。マリエの記念にと、彼は新しいホイスコーレを彼女の名にちなんで「マリエの喜び」（マリエリュスト）と名付けたのである。

　これに続く日々に、グルントヴィはたくさんの神学の主要著作を執筆した。それはある部分、新約聖書にもとづいて本物の説教をしない聖職者を攻撃していたセーレン・キルケゴールに対する応答であった。なお、グルントヴィは1858年にまた再婚した。三番目の妻もまた未亡人アスタ・リーツで、4人の連れ子があったが、彼より43歳も年下であった。二年後の76歳でグルントヴィは一女の父になった。彼はその子に彼の三人の妻のすべての名にちなみ、アスタ・マリエ・エリザベスと名付けたのである。

　聖職者に任命されて50年目の1861年、グルントヴィはデンマーク国教会に奉仕する（教区をもたない）名誉監督となり、1863年以降は毎年彼の9月8日の誕生日を祝う交友会を催した。今日にいたるまで彼は国民の生きた記念碑的人物である。彼の讃美歌や歌謡は広く知られるようになっている。

　1864年はしばしばデンマーク史上最悪の年とみなされている。北では1814年にノルウェーが分離されるまで、デンマークとノルウェーは単一の連合王国を形成していた。南ではデンマーク領はドイツの北ハンブルクにまで及んでいた。しかし1864年に、ビスマルク指揮下のプロイセン軍がスレースヴィとホルスタインをドイツに併合し、デンマーク全体の脅威となった。グルントヴィは演説や歌でデンマーク人の集会を支援したのである。

グルントヴィの死と遺産

　グルントヴィは83歳になって、ヴァルトウ教会の説教壇に立った時に心の持病の兆候を示したが、それは回復し、晩年には彼の長い人生のさまざまな成果を受け取った。彼は説教を続けたのだが、最後の説教は肘かけ椅子でのもので、彼の安らかな死の前日であった。それは89歳になる誕生日の6日前であった。彼の英雄葬が催され、彼の二番目の妻マリエの隣に埋葬された。それはケーエ市の私有墓地であり、9月8日の彼の誕生日には毎年公開されている。

　グルントヴィは、未公刊のものも含めて驚くべき数の著作を残した。彼の業績の広範囲にわたる遺産は彼の支持者（「グルントヴィ派」）に刻印されただけでなく、デンマーク社会全体にも残された。結局のところデンマークの外でも多くの軌跡を残すことになったのである。

C. A. Jensen/Royal Danish Library (Free of copyrights due to the expiration of copyrights 70 years after the artist's death)

第 1 章　ロマン主義者

「さわやかな草原を私は心地よく見つめた。
蜂たちは舞い巡っている
牧草の滋養の胸元で
私が見たのは、蜂たちがどう吸い取ったかだ
かくもしっかりとその懐に
花々が抱き留めていたものに
私は歓喜の声をこらえられなかった
今私は判読できる
その不思議なすばらしさを再び」

(『北欧神話論』1808 年、1 - I)

もちろん事実の問題として、グルントヴィはロマン主義作家にはならなかった。彼は青年期に啓蒙と人間理性を力説する思想に影響を受けたのである。しかし、1805 年に、彼の既婚女性への恋によって理性という理性が激しく揺さぶられることになった。グルントヴィはできるだけ恋心をこらえて秘密裡にとどめ、その力強いが満たされない感情の代償として、神話や詩作の世界に救いを求めた。彼の著作はこうしてロマン主義の運動の様々な思想やイメージに彩られはじめた。これらの思想やイメージは、彼の若き日の熱狂が冷めても、生涯を通じて彼のなかに保持された。グルントヴィの詩的宇宙は自然のイメージ、すなわち野や森、海や空、小夜泣き鳥や忘れな草といったイメージに満ちている。ロマン主義もまた、彼の歴史や神話、教育に関わる見解を彩ったのである。

> *column* ロマン主義と啓蒙
> 　ロマン主義は 1770 年から 1850 年に及ぶ西側世界の芸術や文学、哲学のなかでの文化運動であったが、その影響は持続的で我々の時代にも及んでいる。それはしばしば感情を強調する運動として、すなわち理性を人類の最高の能力として推奨した 18 世紀の啓蒙の時代とは対照的で、理性の時代に抗する感情の時代として記述される。ロマン主義が諸々の潜在意識や夢、ヴィジョン、登山という新しいスポーツを含む自然の経験、過去に対する精神的関係に対して場を与えたことは正しい。とはいえ、ロマン主義は啓蒙の達成に取って代わったのではなく、それを補完したのである。こうして、これら両者の運動には人間発達や学術、自然科学に関する見解において多くの類似した点が見られ、その境界は流動的であった。その好例がグルントヴィである。というのは、彼の思索は多分に「ロマン主義的」であったが、彼の思想は啓蒙によっても彩られていた。

「想像力と感情はまさしく理性と同様に真の人間存在の一部である」

（『国家的啓蒙』1834 年、1 - Ⅱ）

C. A. Lorentzen/Gyldendals Billedarkiv（Public Domain: Free of copyrights due to the expiration of copyrights 70 years after the artist's death）

1802 年から 1803 年の冬に、グルントヴィの 10 歳年上の従兄で哲学者のヘンリーク・ステフェンス（1773 - 1845）が［コペンハーゲンで］ドイツ・ロマン主義についての連続講義を行い、それがデンマークへのロマン主義運動の導入に道を開いた。聴講者のなかには後にデンマークで有名になる多くの人々がいた、すなわちグルントヴィだけでなく、詩人であり国歌の作詞者アダム・エーレンシュレアー、電磁気学の発見者 H. C. エルステッズ、作家のステーン・ステーンセン・ブリヒャーがいた。グルントヴィは自らの経験に遡りながら、その当時は彼がステフェンスから聞いた新しいことばすべてに懐疑的であったとした。だが後に、彼にはステフェンスやドイツ・ロマン主義に負うものがあることを自認した。C. A. Lorenzen（1804）年の絵画による。

　ほかのデンマークのロマン主義者と同様に、グルントヴィはドイツの哲学と詩作に霊感を見つけ出した。特に過去が現在に与えた効果、すなわち歴史のダイナミズムを高く評価した。影響力のあったドイツの哲学者のなかでも、特にグルントヴィに霊感を与えたのは、ヨハン・ゴットフリート・ヘルダー（Johann Gottfried Herder, 1744-1803）とともに、フリードリッヒ・シラー（Friedrich Schiller, 1759-1805）、ヨハン・ゴットリープ・フィヒテ（Johann Gottlieb Fichte, 1762-1814）、フリードリヒ・シェリング（Friedrich Schelling, 1775-1854）であった。

　グルントヴィは、地上の生活で人間が永遠の調和にいたる可能性の思想を完全に受け入れることはなかった。それはおそらく、神学者としての教育や

第 1 章　ロマン主義者　　21

ルター派キリスト教という背景によるものである。特に彼の讃美歌においてグルントヴィは、人類が神の援助なくしてはこの世界を越えてゆけないと明言する。彼は［彼岸と此岸という］ある種の実在的対照を斥けることができないという確固とした確信をもち、神ないし精神が自然と一体の有機体をなす世界（汎神論）というロマン主義的概念に懐疑的なままであった。同じように、グルントヴィはより高度な精神の次元に到達することで対象すべてを調和させ、あるいは廃棄するというシェリングの思想を批判したのである。

しかし、詩人の特殊な「天才」についての見解からわかるように、グルントヴィは調和というロマン主義的観念からまったく自由というわけではなかった。この詩人的「天才」は彼の著作活動を通じてさまざまな装いのもとで繰り返され、すでに 1808 年の『北欧神話論』（本書第三章参照）に現れる古代の吟唱詩人「スカルド」（skald）の姿のなかに見ることができる。このテクストでグルントヴィはロマン主義的理想に近づくようになる。だがしかし、彼は 1810 年以降、彼のルター派キリスト教の理解を通じて、詩人の可能性についてのロマン主義的思想にしだいに懐疑的になる。誰も自分たちの努力によって神の聖なる精神に到達することはできない。最高度の偉大な芸術と最深の理解は人間の秀逸さだけではけっして成就できない。グルントヴィがほぼ生涯全体にわたり考えていたことは、詩人それ自身が並外れた洞察に接近したとしても、しかし、そうした洞察への経路では神の協力が必要であったという点である。

---

column 天才、詩人、預言者

世界や時代の行路を探求する吟唱詩人あるいは「スカルド」は、英雄や天才のような仕方でロマン主義において頻繁に登場する人物像である。同様に占い師やシャーマン、預言者が、意識のかなり高度な状態を入手することによって特殊な洞察を保持する者としてすべての宗教のなかに見られる。

このことが、預言者としての詩人というグルントヴィの理想の背景にある。旧約聖書の預言者たちのように、神の意志を民衆に仲介して伝えることが詩人の仕事であった。それは、グルントヴィが詩的著作においても歴史的著作においても信奉した役割であった。

　デンマーク民族は新たな達成に向けて進んでいるが、その復興にあってグルントヴィはしだいに、自分自身が神の代弁者だと考えるようになる。そのことはなにより讃美歌作家としての彼に当てはまる。グルントヴィは作家生活全体を通じて、自身が北方のキリスト的預言者として選ばれたという信念をはっきりと保持していた。この見方はしだいに彼の後継者たち、すなわちグルントヴィ派の人々に広がり、おそらく潜在意識のレヴェルでは今日のデンマーク人のあいだにも依然として何らかの影響を与えている。

　ところでグルントヴィのロマン主義の特徴はこの世界を越えたもうひとつの世界の「暗示」である。それは顕著な仕方で英文学におけるウイリアム・ワーズワースの有名な頌歌「不滅の暗示」に似ている。人類は、個人であれ集団であれ、獲得できない明瞭な理解に対して生まれながらに憧れを抱いている。しかし、明瞭な理解はただ感覚を通路としてとらえられ、接近できるにすぎない。こうした思考は二つの世界、あるいは二つの実在の思想を意味している。この実在する世界の背景には、真理のリアリティである精神的リアリティが現存する。グルントヴィはこの点においてほかのロマン主義者たちに同意していた。電磁気学者であり、グルントヴィとしばしば論争したH. C. エルステッズでさえ、たとえば『自然における精神』という著作でこの見解を抱いていた。

Caspar David Friedrich/Wikimedia Commens (Free of copyrights due to the expiration of copyrights 70 years after the artist's death. According to Wikimedia Commens' practice, the same goes for a faithful two-dimensional photographic reproduction)

カスパー・デヴィッド・フリードリヒ「霧の海を越えたさすらい人」
およそ1808年、ロマン主義の中心要素は予感的イメージに溢れ、もうひとつのいっそう調和的な世界への憧憬を伴う不分明で神秘的なものであった。不分明で神秘的なものがすぐに利用可能なものよりも深い認識の形式を隠しているという信念を、グルントヴィも共有していた。

「人間はまずもってほかの動物のものまねを運命づけられた猿ではないし、さらに、世界の終末まで自己自身を模倣することを運命づけられた猿でもない。人間は数限りない世代を通じて神的な諸力が披瀝され、展開され、明瞭にされるはずの比類のない素晴らしい被造物である。人間は、どのように精神と塵とが浸透しあい、共通の神的意識において解明されうるかを示す神の実験である」

(『北欧神話論』1832 年、1-Ⅲ)

　グルントヴィの独自性に注目しよう。彼は精神と自然とが緊密に結合し、彼の用語法でいえば「相互に浸透しあう」としても同一ではない、そうした二つの世界があることについて好んで多く語る。人間は精神的憧憬をもって生まれたが、しかし塵すなわち肉にとどまる。こうしてグルントヴィは人間についての純粋物質的見解も、純粋精神的見解も批判した。前者は人間を「ソーセージ肉」にしてしまうし、後者は「幽霊」にしてしまう。人間は精神であるとともに肉体であると彼は考えたのである。

彼女の眼差しと出会って
　グルントヴィはランゲラン島の荘園エーレッケでコンスタンス・ステーセン・レス夫人の 6 歳の息子の家庭教師をしたのだが、その際の彼の日記の抜粋の日付は 1805 年から 1808 年になっている。彼はその夫人に密やかな恋心を覚え、愛の力にひれ伏すことでそれまでの合理主義的人生観と袂を分かった。その日記の抜粋が示すのは、22 歳の男が激しい感情にとらえられ、彼の書き物のなかで繰り返される諸々のイメージ、すなわち嵐や海、将来の書物、自然の賛美、海を越えた島といったイメージで、彼の内面が書き綴られている。ここにはたしかにカオスのただなかからの調和への切望がある。

Jens Juel/Private owned(Public Domain: Free of copyright(due to the expiration of copyrights 70 years after the artist's death)

グルントヴィが1805年に恋に落ちたコンスタンス・ステーンセン・レス。肖像はイエンス・ジュエルによる（1803年以前）。私蔵品。

「1805年12月5日の日記」からの抜粋
「真夜中の清新な時刻に私はここに座るが、嵐がさざめき、近くで波が轟々と岸に打ち寄せる。こうした嵐は単に船やその乗組員を深淵に葬るよう送られてきたのだろうか。いや、いかなる疾風も自然の前進的な連鎖において本質的な環と見なされねばならないことを誰が疑おうか。

（中略）

　私がここに来てから、来たがゆえに、あらゆる変化が外面的にも内面的にも私を動揺させた。

　私が到着した時、私の喜びは機知をひけらかし、薄っぺらな知識を自慢し、有名作家になろうと喜々とした願望を抱いて読んだり書いたりし、見当違いの風刺を乱用することであった。私には心やいっそう優しい感情に発するほかの喜びのすべては未知のものであった。そうしたほかの喜びへの欲求はなく、そのことが愉快だと考えていた。なぜなら、それらの心の喜びは私の名誉ある輝かしい経歴をかき消すと考えたからである。愛は私には戯言と思われた。ただ愚かな人々だけがこの感情をある程度経験できるだろうと思って

いた。私が結婚を願ったのは、単に社会のため、性的衝動のためであった。私の配偶者であるような誰とも、痛みを感じることもなく離婚できるだろうと思っていた。そうだ私はときおり、気晴らしのためにだけ離婚を望むというほど向こう見ずでさえあった。夢のなかで私は、官吏として妻子ある生涯を過ごすことに立ちいたると不満を覚えた。私には家庭の喜びという観念がなかったし、そのような状態に置かれていたら、書物もなく学者仲間もいないのだから、退屈で身を亡ぼすだろうと考えていた。要するに私の幸せは、私の運命と生きる場によるものだったのである。

そして私はここに来た。私は麗しい女性の目を覗き込んだ。この世界の、書物という書物のなかに比べられるものがあろうか。優しさによって私を憩わせる彼女の眼差しを見ることほど親愛なものを、私はそれらの書物から学んだり読んだり話したりすることがあったろうか。献身的な婦人に注いだ私の沈黙の眼差しを圧倒するものがあったろうか。私の眼差しは光を放つ太陽に対するランプの微光のようだったのだ。

彼女の手を優しく握ることに比べるなら、エリート作家としての私の至高の勝利が何だったというのだ。その手のもとで私の肢体は喜びに震えたし、その喜びにあって、浄福の天がどの指からも私の波打つ胸の鼓動に流れ入ったように思えたのだ。

おお、依然として私の心臓がどのように血を送り出し、どのように筆舌尽くしがたい喜びの記憶にあって、私の青ざめた頬を伝って涙が流れるのか、私はそうしたことをとらえるのに性急であった。書物やほかのものへの従事はすべて休止した。彼女は私にとってしだいに大切なものになり、しだいに私の幸せになくてはならない人となった。私はそのことにほとんど気づいていなかった。そして私は、このことがどう終結するのかを自問した時に、問題は鎮静化した、いやむしろその問題は押し殺された。すなわち、私が求めているのは悪徳ではない。それはただ、私の現在の生を甘美なものにし、結果を求めようとしない無垢の喜びである。おおなんと私は愚かなのか。無力

第1章　ロマン主義者　27

なことばと力のない意志によって愛のしずくの海の満ち潮を堰き止めると考えるなんて……」［以下の日記の頁は破り捨てられている］。

自然における愛と死
　『エーレッケの岸辺の丘』は1807年、コンスタンス・レス夫人に対するグルントヴィの情熱的な片思いの期間に書きはじめられた。しかし、彼はその内容を1811年の公表前に修正した。その間、グルントヴィのキリスト教に対する思いが変化していたからである。その詩は、丘から近くの島々を臨む牧歌的な田舎にはじまる。岸辺に打ち寄せるさざ波が時代の進行を表現する。他方、近郊に咲く花々は美しいが死を予兆し、おそらくは実らぬ愛を暗示するのではないだろうか。こうしたことにもかかわらず、詩人は彼を悩ませた痛みにより、すなわち、彼の冷静さに取って代わった痛みに、心乱れた経験以前の彼の合理的自己に取って代わった痛みにより、神に感謝を捧げる。その痛みはグルントヴィに精神的効果をもたらしたのであり、彼は今、生を通じて個人を支える力として、神の影響力をいたるところに見出した。
　彼は今、故郷ウズビュの両親のもとに帰ることになるが、しかし初めて彼は、夏が終わる前に帰るだろうとエーレッケの園に断言する。

『エーレッケの岸辺の丘』より
　素晴らしい種々の眺望は
　鏡のような海の静けさを写す
　チュルエやトーシン、フュンの島々を
　高々とこの丘から私は臨むことができる
　私の背後に親しみある荘園の農場が広がる
　その壁はまさしく白く、周囲の森と境を接し
　丘のふもとにぴったりと寄り添い
　波打つ海と向かい合っている

島々のあいだに[1] まことに美しく
海水は穏やかに流れ
麗しくも緑の島々の
青みがかった岸辺に打ち寄せる

木々は今、静かに立っている
鳥たちは静まり、身動きしない
だが、さざ波だけが寄せては返し
時の旅を描くだろう
おお、ここにいることの素晴らしさよ
何と長い時を、私はそこで過ごしたことか
波のうねりのもとに、こうも愛しさを見つけながら
ここすなわち木立のなかで
草地や森を巡り
あるいは丘や谷をひと巡りして
この隆起した場の傍らに私は立ち
かの高き大広間のなかで颯爽と歩いた
穏やかで優美な花々が
この場近くに育ち
冬と夏の時を
画趣をそそる場を満たしている
おお、しかし賢人たちは語る
毒がそれらの香りにはある
死が忍び寄っているに違いない
甘い香りの花々に包まれて

おお、賢人たちだけではない
このことを語り意見する者は

---

[1] シェラン島とフュン島のあいだの大ベルト海峡に浮かぶ島々。

私は非才であるが、
賢人たちとともに認めねばならない
花々の香りは毒を含むと
死が忍び寄っていると
まったく陰鬱な三回目の夏に [2]
私は悲しみとともに島をさすらう
芳しい花々のまわりを
ここに私の心は死を学んだ
奇妙にも私の目にさえ
太陽は海に沈む
太陽は高みから照らして
光線を私の墓に投げかけはしない

だが君よ、高みに咲く者よ
星々の頂点を越えて高く
栄誉と称讃はすべて君のもの
私の心に傷を与えた君にありがとう
私に痛みをくれた君にありがとう
ありがとう、私を賢くしてくれて
しっかりと白き衣に包まれた
君という聖なる書物は私のためにある
セイレーンに魅了されて
馬鹿な私は、自分が賢いと夢見ていた
愚かで物の見えない私の目が
高みからの輝きを見ていなかった
いにしえのスカルドたちの詩のなかの光を
冷たさや賢さ、機知は
私にはかくも忠実な友として現れて

2 　三回の陰鬱な夏は、コンスタンス・レスへの報われない愛への言及。

それらとともに私はかくも快くさすらった
賢さを私は徳と呼んだし
冷たさを私は冷静と名付けた
欠点のような喪失を軽蔑し
悲しみを私は弱さとして笑い飛ばした
舌をあえて解き放ち
聖なる家で向う見ずにも
こそばゆく耳たぶをくすぐった
石地に籾殻を播くようにして[3]
神は慈愛を込め、みすぼらしく貧しい私を憐れみ
神は痛みによって私に教えた
私に心があったことを
私が賢さと機知に対して
愚かにも私の信頼をおいたことを
精神が私の目を開いた
奈落を見ることで
しっかり、注意深く見つめることで
救いを探し求め、見つけた
堕ちたところに見つけた
神をいたるところで
詩人の歌謡に彼を見
知恵者のことばに彼を見
北方の神話に彼を見
時代の経緯のなかに彼を見つけた
だが万事につけしごくはっきり確実に
書物のなかの書物に神を見つけた
常にため息をつき欠乏を求める者は
すべての被造物とともに切望する

---

3 マタイによる福音書13章49節が念頭にある。

聖なる時に対して
その娘たち息子たちに
主が自由をもって報いる時
そのとき我等は心を込め、歌を口ずさんだ
おお父よ、愛しき者よ
永遠に我等は君のもとにあらんと
こうして地上の絆に私は溜息をつくが
こうして私は精神を切望するが
だが今は、私の精神は闘い備えている
心の悲しみをこらえ
地上の欠乏を抱きつつ
備えとは、そうだ私にそれができるのは
身につける絆を緩める時だけだが
ここに夜遅く立つことだ
神と私自身だけで
おお、だが私は、苦しみのなかにある
風が私の頬に吹きすさび
私の熱き精神を冷却しなければ

そこに危険が現れる
しかし私は熱き心を胸に秘めたい
深く北方の氷のなかに
快活に私は舌を動かすつもりだ
山々のあいだにあって歌い上げよう
アース神族と闘士たちを称えて

太陽は安らぎとともに沈んだ
島には星々が輝いている
さあ行こう、急ごう
すばやく国を越え、海を越え

この後は東から
声が私には聞こえる
父が息子を呼ぶ声が
囁く声が
私には聞こえる
母が呼ぶひそひそ声が

おお園よ[4]、新たに生まれた子よ
お前は子どもらしい喜びとともに広がり
腕に花束を抱えるように私に向かいあって
何度も何度も、お前の口づけに私は微笑んだ
何度も何度も、お前の腕に抱かれて私は憩いを得た
けれども、私はお前から離れ行く
泣かないでくれ子どもよ。私は誓うから
お前が眠る前にまた来るから
お前に心を込めておやすみを言うから

(経験談での『エーレッケの岸辺の丘』(1812年の新年の贈り物、コペンハーゲン、アナス・サイドライン書店、1811年、55-58頁、Grundtvigs Værker.dk)

二人の友の過去へのさすらい

「ギュナスレウの森」(1808)はしばしば、1810年までの時期のグルントヴィのロマン主義的突破の詩と見られている。その時期を彼は後に「神々への陶酔」期と呼んでいた。彼はアイスランド語原典からの翻訳と彼自身の詩作とを通じて、古代北欧の諸々の神話を再発見し、復活させようとした。

1808年8月に、彼は友人の歴史家モルベックとともに、シェラン島のソーア近郊のギュナスレウの森にある先史時代の遺跡を訪ねた。モルベックは後にその旅を定期刊行物の記事のなかで記したが、グルントヴィは彼の詩「ギュ

---

4 場がエーレッケの園に移行。

第1章　ロマン主義者　33

Jacob Kornerup/National Museum of Denmark（Public Domain: Free of copyright due to the expiration of copyrights 70 years after the artist's death）

ナスレウの森」でいっそう神秘的なバージョンを提供した。彼が記述するのは彼らが森を通ってどう遺跡へとさすらうかである。遺跡とは古代の北欧の神々への祭壇と受け取れる。自然が息を吹き返して、森と、消えていった神々がその存在を主張する過去の祭壇とのあいだの関連についての詩を通じて語っている。森が暗くなり、彼ら二人が神々に接近するのであるから、その小径とともに緊張感が高まる。その小径は草に覆われて搔き消されており、わずかな足跡が残されているにすぎない。そして突然森の真ん中に祭壇が現れるのである。

「ギュナスレウの森」より
　　おお森よ、私に語りたまえ。何をお前はかくも近しく結びつけるのか
　　何をお前は自らの腕にしっかりと抱こうとするのか
　　風よ、そのことを私に語りたまえ。いともたやすく渡り吹くお前よ
　　近しく渡り吹くお前よ
　　オークの木々を越え行き向こうへと

お前はその森のもとに何を見つめ得たのか
木々の枝と葉を吹き貫いて
おお、お前はきっと知っている
森が何を腕に抱いているかを

オークの木々のてっぺんを
揺らし、騒めかせつつ
風はその上を流れ
ヒュウヒュウと音を立てる
北方からの声のように
そして私には描けるのだ
ヒュウヒュウとした音を
北方から流れ来るものを

それはお前たちだ、入り組んだオークの木々よ
お前たちは炎が焼け焦がすサークルをフェンスで囲む
その生贄は聖なる石の上に血を流す

おお太陽よ。お前はかくも空高く燃え立ち
見て知ったのだ
花々の香りが
地上の急いた足取りを
止めることができないだろうことを
かくも穏やかな湖が
過ぎ去った北方に対しての
私の炎を和らげないだろうことを
私はその観点とともに大股で歩き
谷を越え、丘を越える
私の燃える眼差しは
野を越えて疾風のように駆ける

オークの木々に取り巻かれて隠れた
聖なる遺跡の場を探すために

親愛なる友よ
森に避難しよう
さあ軽やかにふれよう
聖なる大地に
このオークの木々のただなかに住まうのは
北方で消え去った神々だ
心地よく眠る者の平安を
踏み入る者の足音は妨げはしない
水滴のしたたり落ちるのを見よ
かくも静かに
かなたの谷のうちへと
かつてアース神族[5]が実力によって
高く聳えて野を領して
玉座にあった時
彼らは声を轟かせ歌ったのだ
アース神族の称賛と森での喜びのために
今彼らは谷で思い起こす
かくも静かに
彼らは石に口づけし
石のうえに沈黙し
遺跡の恵みを囁く
神々がより深き眠りにあろうとも

向こうで丘が高く盛り上がり
オークの谷がより広々とし

---

5 北欧神話においてアース神族は闘いと征服の神々。

森はここでいっそう暗い
神々の祭壇が今近くにあるのだ

この使い古した道から離れよ
その道は祭壇には続かない
けだし群衆が急ぎ踏み鳴らしたところに
神々が住まうことはないのだから
ここに私は隠された小径を知る
草に覆われた微かな径は
まれな足音で広がりはしない
勇敢な友よ。我等はその小径を辿ろう
北方に由来する聖なるものへと
微かな足跡だけが導く
我等はしっかりと目を凝らさねばならない
視座はたやすく混乱し得るのだ
古き北方への途上で
友よ、立ち止まるな、私に続け
その足跡を私は微かに見分けているのだから
不思議にも光線を背にして
足跡が刻まれている
ここに古代の闘士の影がある
きっと夜、歩み去ったのだ

ほら、足跡は微かにすぎて、今にも消えそうだ
私の言葉の響きにおけるように
私の息によって吹き飛ばされるように
何と痛ましいことか

足をとめよ
このオークの根に

ほら眼差しのアーチをかけよ
お前が観る力を得ているなら
しっかりと観よ
思い切って木立をとおして今

流れ落ちる涙とともに
私はしっかりと見つめる
向こう側に何が現れるかを
おお、それは苔生した石の祭壇ではないか
オークの枝が鬱蒼としてアーチをかけているが
そうだたしかにと私は震える
歓喜に身震いする
聖なる信心が私の胸を満たす
私は急ぎに急いだ、軽やかな翼のある足取りで
アース神族の祭壇に跪づき
消え去った神々を賛美するために

(「ギュナスレウの森」、『コペンハーゲンの最新の描写』1808 年所収)

P. C. Skovgaard/Niels Skovgaard/Royal Danish Library (Free of copyright due to the expiration of copyrights 70 years after the artist's death)

第 2 章　神話論者

「高きオーディン、白きキリスト
　君たちの争いは決着した
　ともに父なる神の息子なのだ」
　　　　　　　　（『デンマークにおける仮面舞踏』1808 年、2 - I ）

ほかのロマン主義者たちのように、グルントヴィもまた神話論に大きな関心を抱いていた。彼の初期作品では北欧神話について情熱的なまでの関心が示されている。彼の確信によれば、異教徒である彼の祖先の思想が依然として生きていて重要であり、彼らから学び、彼らを自身の詩作によって再生させることで、人間の生における深い首尾一貫性が理解されることになる。だからこそ彼は、古北欧という過去の研究と、古イングランドの詩『ベーオウルフ』などのテクストや詩の翻訳をはじめた。すでに言及したが、グルントヴィが近代において初めて、この叙事詩『ベーオウルフ』を翻訳したのである。

「私の人間の生についての見解の全体は当初は神話論的であった。というのは、真理は人間において高貴で偉大であり、力強いものすべてが神の行為によって引き起こされ、肉体が神的なものの像であり器官とみなされる時にだけ価値と意義をえるからである。諸々の神話論のすべてがキリスト教と共有する真理は、明らかに私の思想と言説の全体が展開する際の焦点であった。この時間的な生が永遠の生の準備にほかならないという特殊キリスト教的信念でさえ、私には聖書という以上にエッダに帰すべきものに思われたのである」

（グルントヴィの1824年の回想、2-Ⅱ）

column ロマン主義と神話論

　神話論は、啓蒙の時代にはごく原始的な世界構図と見なされていたが、ロマン主義においては、特にギリシア神話、北欧神話に新たな敬意が払われた。これらの神話は失われた黄金期の夢の部分に当たるが、しかし、ロマン主義作家はそれを多様な仕方で利用した。神話はその起源と意義にかかわり学術研究にだけでなく、国民意識の創造や人間存在についていっそう深い理解を提供するため、芸術家や作家の創作手段ともなったのである。

1810年以前のグルントヴィの北欧神話論に関わる作品の特徴は、古い情報源と新しい情報源とを意識的に区別することであった。これらの相異なる［神話論の］版を整理するために、彼は特に古代のアイスランド詩「巫女の予言」を研究した。それは世界の創造および、神々と巨人族との闘争を扱ったものである。グルントヴィはこの詩がほかの神話論を理解するための鍵だと考えていた。こうした新しい野心的な神話解釈の背景には、過去の黄金期の再生の夢や、「天才」ないし特別な存在者による基本的な調和的秩序への躍進の理念というロマン主義の夢が感じられる。

　ところでグルントヴィは父親の代理牧師として故郷に呼び戻された1810年までに、訓練を受けた牧師であり神学者として、どの程度神話論に魅了されてよいものかと自問しなければならなかった。彼はそのことをしだいに若気の至りと考えるようになった。しかし、神話の物語と架空世界の力のゆえに、彼にはそれを取り除くのは不可能だとわかった。何年もかかって、彼は北欧神話が祖先信仰の鏡像であり、自分を救う手段ではないことを認識するようになった。歴史の経過への神話の関与は彼自身の時代にまで継続していた。北欧神話は北欧の人々（グルントヴィはイングランドもそのなかに入れている）の歴史と現代生活の両方の背景となっていたのである。

　彼の主著である第二版の『北欧神話論』（1832）で、グルントヴィは神話を民族的性格の特殊性を理解するための拠り所とみなした。個人が子どもから大人に成長するように民衆もまた成長する。神話は子どもたちの夢、すなわち民衆の成長初期の段階であり、それが彼らの後の発達を規定する。北欧神話は北欧の民族が彼らの起源と発展、文化を理解する鍵であるが、同じことがほかの民族や神話にも当てはまる。この『北欧神話論』がデンマークのフォルケホイスコーレに深い影響を与えたのであった。

> 「どんな民族のいわゆる神話、すなわち神々の活動も、疑いもなく民族が人間生活について抱く最高の思想を示している。なぜなら、諸々の民族の思想を高貴なものにし神格化しようとしたのはもちろん、それら民族自身の生だったからである」
>
> (『デンマーク人』1850年、2-Ⅲ)

グルントヴィにとって口承物語の神話的起源は決定的であった。この点で彼は、神話理解における近代的学識に接している。諸々の神話は語られ伝承された時にのみ口承物語として生き続け、「民族精神」すなわち、文化や言語、歴史によって民族を特徴付ける創造的思想とセットになることができる。この、彼のいうところの「生きた言葉」は書かれた言葉に先行し、精神を移転する形式にいっそうふさわしい。同様の信念は、彼が学校におけるナラティヴ教育や教会における讃美歌の唱和、集会での歌唱を希望する背景にもある。書かれたことばは記憶できるように活性化されねばならないのである。

グルントヴィは民族の精神を異教的ではあるが精霊とキリスト教の到来(デンマークでは西暦900年頃になる)の前提条件と見ていた。グルントヴィは概して著作のなかで異教の風習にたいへん同情的であった。異教徒とはキリスト以前の人々であり、彼ら自身のことがらを独自に語ることができる。詩人であり作家であるグルントヴィ自身が北欧人として北欧精神について語り、諸々の神話と神々をその精神の表現と解した。グルントヴィの基本思想は民族精神に成り代わって彼の同時代人に語りかけることである。神々と英雄たちの生は現代における精神的闘争として行動に移されねばならない。それは彼の同時代の教会闘争や政治闘争、しかも最大限の自由を許容する闘争に相当するものとして模索された。北欧精神は［キリスト教の］精霊と同じように強制的には受け入れ不可能だったのである。

北欧神話論の奥義への信念

すでに述べたように、1810年以前にグルントヴィは「巫女の予言」が北

Constantin Hansen/Gyldendal Billedarkiv (Public Domain: Free of copyright due to the expiration of copyrights 70 years after the artist's death)

オーディンの8本足の馬スライプナーに乗るグルントヴィ。コンスタンティン・ハンセンによる戯画、1846年。

欧神話全体の基本テクストだという理論を仕上げた。これは案内の書『北欧神話論』(1808) の背景となる理論である。

第2章　神話論者　　45

> *column*『北欧神話論』
> 「巫女の予言」の詩によって霊感を受けたグルントヴィ版の北欧神話論において、最高で永遠の神（万物の父）は神々（アース神族）を創造し、彼らをまつろわぬ者ども（物質）やその子孫である巨人族と戦わせた。だがしかし、神々は恣意的であり、巨人族と盟約を交わす罪を犯している。それゆえ、万物の父は万事運命を決定する女神ノルンたちを創造する。ノルンたちは神々と巨人族とを分離したので、彼らは最終的にはラグナロクまで、すなわち世界の終末にお互いを絶滅させあうまで戦かわねばならない。そうして永遠の調和と罪なき世界が形成される。その哲学の全体は明らかにドイツの哲学者シェリングの影響を受けている。

そこから以下に掲げる抜粋が出てくる。そこでグルントヴィは誰が北欧神話のオリジナルな創作者なのかを考察し、不変の精神世界の考察に向けての「創造」を思案し、時間的世界を越えて高揚したのは独創的な古代の詩人だという結論にいたる。だが、詩人がさらに永遠の調和のイメージを探そうとしても、彼は混乱を見るにすぎず、彼自身の内面もそうである。

当の詩人は調和の思想を断念するが、そのとき彼は、最初の巨人ユミルの誕生とともにはじまる北欧神話論（アース神族の教え）の輪郭を直観する。この巨人ユミルは万物の父（永遠の知恵）から独立した邪悪な物量の自己創造を代表するが、万物の父は［神々に］「技量」を授けてこの「物量」に対する対抗を試みる。だがこの「技量」は堕落し、独立的になり、かの「物量」と盟約を結ぶ。万物の父はこの盟約を破壊し、「技量」と「物量」とが相互に対抗する戦争を宣言する。両者は［ラグナロクとして］最終的にはともに破滅する。現存するものの謎が古代の詩人には明らかになり、彼は今や彼の教えを兄弟たちに伝えるのである。

1808年の『北欧神話論』より
　アース神族の教えの重要性に対する信念は、私の存在にしっかり結びついて成長した部分である。この信念なくして半ば記憶から拭い去られたルーン文字の詩の研究を継続することは狂気の沙汰であろう。多くの人々はこの信念を私と共有しようとしない。しかし彼らは私を完全に無視するか、偏見抜きに私の話を聞くかのどちらかでなければならない。私は話す前に見たり考えたりするのであるが、それと同様に、人というものは判断する前に見たり考えたりするものである。

（中略）
　古代の思慮ある詩人は世界のはじまりと時間の端緒について考察した。

　神的な輝きを自由に展開できる者なら誰でもそうなのだが、その詩人はゆっくりと永遠のものへと、驚くほど素晴らしいが隠されていた源泉へと、そこから万物が流出したに違いない源泉へと自らを高揚させた。彼は深い眼差しによって、自らが高揚して栄えある調和のイメージを見出すよう万事につけ探し求めたが、しかし彼が見たのは争いであった。嵐は山頂のトウヒの木々を曲げ、泡立つ波が崖の木々の根に突進する時、彼はその争いを見た。熊どもの唸りと狼どもの遠吠えとが嵐の悲鳴や波の轟音と混じり合う時、彼は争闘を聞いたのである。詩人が見たのは、人間たちが大地や動物との終わりなき闘い、そして人間相互の闘いに臨み、勝利し、敗北することであった。疲れ果てた目を天に向けると、そこに詩人は光が闇と争い、彼自身と争うのを見た。そして詩人が人間の内面を、それゆえ自身の内面を見つめたとすれば、外的な争いの全体が彼には自ら存在を希薄な仕方で凝縮したあり方の象徴と見たであろう。
　詩人の精神は彼の高い理想が拒否され、闇に葬られることで脅かされた。だが考察は重ねられて発展し、光が彼の魂に差し込んだ。彼は［原初の巨人］ユミルの誕生を見たのである。
　今やすべてが明らかであった。粗野でかたちのない集合物は生へと展開されたのだから、その悪しき自生的な生が消え去るまで万物の父は全体におい

ても最小の要素においても彼の［創造の］像を担う世界の生成を認めることができないであろう。

　このことが起こりうるなら、万物の父の技量は生きいきした活動的なものとして現れるであろう。その技量は純̇粋̇で、盲̇目̇的̇で、沈̇黙̇的̇なものでなければならなかっただろう。しかし、技量は物量の生を無化するのではなく弱めるにすぎない。というのも目を開けることで、その技量は純粋さを失ったからである。その技量は世界を構築してもそれ自̇身̇であるだろう。それは物量との平和を築いたのであり、永遠の者の叡智が罪ある結びつきを切断しなかったなら、生じるべきより高い調和の予感さえ消え去っていたに違いないだろう。しかしこの切断は起こった。時間は必然的に［アース神族と巨人族として］不敬な物量と踏みつけられた技量とのあいだの闘争の表現となった。

　このようにして現実存在の謎は解かれた。神が邪悪なものと闘争した技量さえも、その闘士があるべき栄えあるもののためというより、自己のために闘争したことを詩人が見たとしてももはや驚かないであろう。神は自らの理念を失わなかったのである。というのも、闘争を覚醒させ強化した「叡智」は相争う諸̇力̇そ̇の̇も̇の̇の̇相互無化によって廃棄されねばならないだろうからである。物量の罪深い生が一掃された時、純̇粋̇で̇意̇志̇の̇な̇い̇盲̇目̇の̇技̇量̇が̇、純̇粋̇で̇意̇志̇を̇欠̇い̇た̇技̇量̇が再び永遠という源泉において叡智と融合した時、そのときに詩人は日の明るさが照らし、終わりのない時間が示されるのを見たのである。その際にはすべての争いは考えることができなかった。なぜといって万物は比類のない太陽の光線として認識されねばならないからである。

　この深い認識と栄えある予感のなかで詩人は生き、痛みを感じることもなく、時間を自らの後方にすえた。彼は自らの喜びから、自身の同胞兄弟たちを賞揚しただろう。その詩人がアース神族の教えを創作したのである。

　　　　（『北欧神話論、あるいは自身が神話作家ではない教養人のための視座とエッダの教説』コペンハーゲン、J. H. シュボース書店、1808、141-45頁）

目覚めよ、デンマークの英雄よ、目覚めよ

　グルントヴィの個人出版雑誌『デーンの防塁』所収の「ビャルケの呼びかけの反響」（1817）は、1815年以降になされる彼の神話の自由な改作的利用

の証明である。テクストは神話のイメージにナラティヴなものを加えている。それはグルントヴィの「反響詩」に属するが、その意味は、先行する詩人に対する「反響」あるいは応答として、すなわち将来を決定するために現在において聞かれるべき過去からの説明として書かれることである。このことは神話の聴衆が、自分たちがその一部である歴史に接近するよう手助けするはずだからである。

　グルントヴィは彼の詩作の霊感を古アイスランドの物語「ビャルケの呼びかけ」に見出した。その詩はビャルケとヒャルテとのあいだの対話の形式をとっていて、スウェーデン王ヒャルトヴァルと彼の妃スクルドが、どんな風に、デンマーク王でありスクルドの異母兄弟のロルフ・クラキの賓客であったかを語り伝えている。彼らの友好的訪問は実際には暴力的なものに転化した。デンマーク人が酔って寝ている隙に、ヒャルトヴァル王は彼の伏兵たちに、船を降りて森とデンマーク人のキャンプ地を焼き討ちするよう命じた。だがしかし、彼らはデンマーク王クラキの最強の兵士ヒャルテのことを勘案していなかった。ヒャルテはボズバール・ビャルケとともに夜遅く家路につき、デンマーク人を目覚めさせたのである。その後の闘いでヴィッゲを除いてデンマーク人はすべて殺されたが、ヴィッゲはそのわずか後にヒャルトヴァル王の殺害に成功したのである。

―――

「日々の行動は闘いの詩だ」
　グルントヴィの詩から引いたこの有名な一行はシェラン島のヴァレキュレ・フォルケホイスコーレの体育館の玄関に高々と掲げられた魅力的な標語である。

―――

　グルントヴィの詩は輝く太陽にはじまる。そこですべてが、ラグナロク後の神々の住まいであるギムレの黄金の屋根のように輝く。これは更なるコメントの必要のない神話の場を示唆する。だが、雄鶏がとつぜん、先にある明るい日々に何かが起こるとの伝言とともに時を告げる。デンマーク人の目覚

めが急き立てられる。今は英雄的行為の時代だというのである。

「ビャルケの呼びかけの反響」
 1．太陽は昇っている
   森のてっぺんに
   まったくギムレの屋根のように輝き[1]
   伝言を我等にもたらす
   雄鶏の翼は
   晴れやかな夜明けを告げる
   目覚めよ、デンマークの闘士よ、目覚めよ
   すっくと立ち、ベルトをしっかりと締めよ
   日々の行動は闘いの詩だ

 2．高々と刻を告げ
   ルアーを鳴らし[2]
   闘士よ、朝の眠りから起きよ
   戸口の柱を軋ませよ
   ルアーを鳴り響かせよ
   緑の木立の空は赤く燃えている
   目覚めよ、だが享楽を求めるな
   王の広間でのワインや談笑のように
   今やヒルドル[3]の遊戯を手のうちにせよ

 3．目覚めよ、そして見よ

---

1 世界終末戦争（ラグナロク）で生き残ったよき被造物のための黄金の屋根の館。
2 ヴァイキングのルアーは指孔のない長いホルンのような吹奏楽器。
3 北欧神話において美しいヒルドルは、ラグナロクにいたるまで倒れた戦士たちを新たな戦闘のために再生させる力をもっていた。それゆえ、「ヒルドルの遊戯」は何らかの武器による戦闘である。

Lorenz Frølich/Wikimedia Commons (Public Domain: Free of copyright due to the expiration of copyrights 70 years after the artist's death)

ヒャルトヴァルとスキュルは闘いに倒れたロルフ、ビャルケ、ヒャルテを見た（ローレンツ・フレーリッヒ、1854）。

赤い回廊にある
　　　城のアーチに
　　　ルアーが唸り
　　　ライレ[4]が陥落する
　　　スキョル[5]の凱歌のもとで
　　　ヒャルトヴァル[6]が森に火をつけ
　　　ブナの木は燃え、木々の葉は消えて行く
　　　まさしくダンとスキョル[7]が目覚めねばならないのだ

４．さあ急いで起きよ
　　　ロルフ・クラキにくみし
　　　勇敢に剣と盾を掲げよ
　　　たしかにルアーの響きを
　　　彼は恐れないが
　　　野での卑劣な行為は恐れる
　　　輝く盾と鋭い刃先の剣を
　　　彼は柔らかに両の手に携える
　　　誰があえて彼を守る盾を放擲させようか

５．その住まいには
　　　安寧と平和が宿り
　　　勇敢な王は甘い眠りにつき
　　　スウェーデン人のルアーを
　　　なおも彼は鎮める
　　　かくも大きなデンマークの盾によって

4　ライレはコペンハーゲンの南西部にあるロルフ・クラキの王宮。
5　スキョルはヒャルトヴァル（スウェーデンのスカーニア伯爵）と結婚したロルフ・クラキの異母姉妹。
6　ヒャルトヴァルはクラキの座を奪おうとしている。
7　ダンとスキョルは伝説上のデンマーク王。

おおしかし彼は余韻の輝きのなかを歩み
　　いたるところ魔法の剣に巡り合う
　　誰があえて彼の盾となるのか

6．呼び出された者がそうする
　　ヒャルテが果敢にもそうする
　　シェランの若い農夫が果敢にもそうする
　　ビャルケが果敢にそうする
　　たとえデーンの野に
　　フェンリレ狼[8]が解き放たれても
　　ビャルケは喜び勇んで鋭い「ライオン」の名の剣をとる
　　オーディン自身がとらえ切り裂くために
　　だが、戦闘的小狼のビャルケは地に倒れる

7．ロルフは瀕死の重傷を負うだろうし
　　ビャルケは倒れるだろうし
　　ヒャルテは血の海に喘ぐだろう
　　ライレのアーチ門は
　　ルアーの唸りのなかにあって
　　ヒャルトヴァルの足元に崩れ落ちよう
　　だが、彼がデーンの野を領すことはありえない
　　その燃えさしが冷え消えるまえに
　　最後のきらめき[9]が彼を倒すのだ

8．太陽は昇っている
　　森のてっぺんで
　　まったくギムレの屋根のように輝き

8　北欧神話に登場する狼の姿をした巨大な怪物。ラグナロクで、オーディンを飲み込む。
9　最後のきらめきとは最後に生き残った者を意味する。ヴィッゲが戦争の後にヒャルトヴァルを欺き、彼を殺す。

伝言を我等にもたらし
　　　雄鶏は翼をはためかせて時を告げる
　　　晴れ渡った一日の夜明けを
　　　目覚めよ、デンマークの闘士よ、目覚めよ
　　　すっくと立ち、ベルトをしっかりと締めよ
　　　成功を収めるのは早朝の先駆者なのだ

象徴言語としての神話論
　『北欧神話論——あるいは象徴言語』(1832) の基本思想は神話を、キリスト教から独立した人間的理想のイメージを再現するものとして理解することである。サブタイトルの「象徴言語」は現代までのすべての民族の神話や精神に充当される。グルントヴィはもはや原典による諸々の神話の体系的秩序付けには関心がない。彼はまさしく後年の心理学者のC. G. ユング（C. G. Jung, 1875-1961）のように、それらの神話の古層（アーキタイプ）となる内容に専心する。もっとも、ユングのアプローチはより生物学に基礎をおくものではあるが、グルントヴィは神話論を今日でも応用できる文化的説話と理解するのである。
　後に紹介する『北欧神話論』(1832) の牝牛のエズフムラに関するテクストでグルントヴィは、簡潔にその神話観を概説している。彼はもはや1808年の仕事のように、神話に人間的経験やその反省についていっそう深い宗教的説明を探し求めない。むしろ彼は様々な民族によって保持される人生観を跡づけることを好んだようだ。なぜなら、それはある部分神話が歴史に光を投げかけたからであり、ある部分神話が提供する精神に満ちたイメージの豊かさのゆえからである。グルントヴィは神話が哲学的になればなるほど、神話を人々が意に介さなくなる。歴史を通じて最も強いパンチ力をもっていたのは詩的神話であって、生の起源を説明しようとする神話ではなかったのである。
　このことはエズフムラの神話に対する懐疑的態度によって確認される。ちなみにその神話は根源的氷結が解ける際の世界のはじまりに関する不思議な

神話を例外として、古代の神話収集のなかでは未知のものであった。グルントヴィはスノッリのギヌンガガップの神話について考えているが、そこでは熱と凍結とが遭遇し、生命が巨人ユミルや牝牛のエズフムラとともに立ち現れる。グルントヴィはこの不思議な創造神話のシンボリズムを説得力のない蛇足と見ている。

　この神話は北欧的起源のものでもないし、詩的な質をもつものでもないので、創造神話という目的にはフィットしない。おそらくそれが氷の巨人リムスルスの口で語られた理由である。テクストの終わりの方でグルントヴィはエズフムラが何らかの仕方でデンマークやギリシアの神話と同様に様々な説話のなかでパワーと生の象徴であった可能性を認める。だがそれはもはや効果的ではないのである。

『北欧神話論』（1832）「牝牛のエズフムラ」より
　私がこの有名な牝牛について、どんなことがそこに意味されるか、ごく簡潔に書いていることを見れば、もっともそうしたことがらは通常は長期の研究を促すのであるが、世人にはこの［簡潔さと通常との］相違が必然的に私の神話論の原則と目標からくることがわかる。すなわち私が異教徒の諸々の神話から学び、取り出そうとしたものは宗教でも世界創造の物語でもない。それはむしろ人間的生に関する主要諸民族の直観である。このことと関連することがらを私は積極的に跡づけ伝達したい。それはある部分、それぞれの民族の神話が彼らの歴史に投げかける光のためであり、ある部分我々がそこから獲得することのできる精神に満ちた内心のイメージの豊穣さのためである。それゆえ、神話が哲学的に響けば響くほど、私はそれを好まなくなるのだ。なぜなら、一方で神話の哲学はつねに子どもっぽい自惚れであり、そこから我々が学ぶものはわずかであるか、まったくないかのどちらかだからである。また他方で、神話が詩的でなければないほど、民族の生に対するその影響は乏しいものになろう。

　この観点において、古代の諸々の歌謡には我々による神話的な牝牛のごく

わずかな跡づけも見られないこと、凍結と熱とを起源とする世界についての哲学教義の全体がリムスルスの口から語られているにすぎないことは注目すべきである。そこから私たちは、北欧において不信心の自惚れの本質が何かが考察されると正しく結論できるだろう。

しかしながらそのことで私は、「牝牛のエズフムラ」が生の地上的起源にかんして一般的な北欧の象徴でありえたことを否定するつもりはない。というのも牝牛の崇拝者の伝説、すなわちノルウェーのエ̇グ̇ヴ̇ァ̇ル̇ド̇王の伝承、スウェーデンのエ̇イ̇ス̇テ̇ン̇・̇ベ̇ル̇ヤ̇王の伝承、さらに『デンマーク韻文年代記』の「デ̇ン̇マ̇ー̇ク̇の̇牝̇牛̇」の伝承をも加えると、そうした伝説が実際に先の点を示唆しているからである。だが、私が非北欧的であり、非詩的と見るのは凍結の弊害を牝牛起源とすることなのだが、そのことについて私はほかの方々に詳論を委ねたい。

牝牛について唯一注目すべきことは、私が思うに、まさしく一匹の牝̇牛̇がいるということにある。というのも、雄̇牛̇が生の根本力の古いシンボルであって、まさしくファンタジーが感情に対応するように、北欧の牝牛が東方の雄牛に対応することがよく知られているからである。このことはつねに自然的な詩的民族集団と歴史的な詩的民族集団のあいだの自然な関係の真の表現として注目に価するのである。

（『北欧神話論あるいは象徴言語』における「牝牛のエズフムラ」、J. H. シュボース書店、コペンハーゲン、1832 年、249 - 250 頁）

C. W. Eckersberg/Royal Danish Library（Free of copyright due to the expiration of copyrights 70 years after the artist's death）

N. F. S. グルントヴィ（エーリンク・エッカーベルクの銅板刷り、1830年）。

第3章　牧師

「最初は人間、次にキリスト者
これが要所である
我等は無償でキリストの教えを受けるが
それは純粋な幸運である
だがその幸運がやってくるのは
すべて根っからの神の友にだけだ
真実につく高貴な一族にだけだ」

（「最初は人間」1837 年、3 - Ⅰ ）

グルントヴィは牧師の息子であり、早い時期から父親の跡継ぎになることが期待された。1880年から1803年にかけて、コペンハーゲン大学で神学を学んだ後、彼の生涯の大部分は牧師であった。それと並行して彼は、ほかのことがらをすべて成し遂げたのである。大方の牧師のように彼は諸々の懐疑や難問と格闘した。我々が宗教に関して何事かをどのように確信できるのか。我々が信じるに足る慈悲深い神はいるのか。私が牧師として仕える教会はどうなるのだろうかといったことがらと、それらのことがらへの答えが見つからなかった時、グルントヴィは懐疑と難問を深く心に受け止め、鬱や不安の危機で身体を患うことになった。しかし、彼が自身の信仰や深い人生の意味に対して大いなる理解にいたったのは、しばしばこれらの危機をとおしてであった。

　これらの心的危機の最初のものは1810年の暮れに起こった。その年の春グルントヴィは、キリスト教信仰に確信をもてなかった時期に、代理牧師として働くためにコペンハーゲンから故郷の村に戻るよう、76歳になる父親から連絡を受けていた。彼の父の健康状態はすぐれず、牧師の義務を果たすには息子の手助けがなければ職務にとどまることができなかったのである。この連絡でグルントヴィは大きなジレンマに陥った。一方で彼は神学の学位取得にあたって学資を提供した両親を助けねばならないと感じていたし、彼等の苦境もわかっていた。だが他方で彼はコペンハーゲンで著述と出版のキャリアを積み、人生の成功途上にあったので、帰郷すればそのキャリアをふいにしなければならなかったろう。

　にもかかわらず、彼は牧師になる最終試験を受ける決心した。1810年の残った期間に最終的にウズビュに帰郷するまで、彼は動揺と旋回を繰り返して過ごした。帰郷への旅で友人シベルンと道連れだったが、グルントヴィの心は煩悶そのもので、ヘビが彼をかみ殺そうとするというような悪魔の幻覚症状がはじまったのである。

Christen Dalsgaard/Royal Danish Library (Public Domain: Free of copyright due to the expiration of copyrights 70 years after the artist's death)

1868年に、祭服に身を包んだグルントヴィがヴァルトウ教会の会室に座っている。彼の横には息子のフレゼリークがいる（クリスチャン・ダルスコー画）。

> *column* 七つの教会
>
> 　1810年終わりの彼の危機とそれに続く躍進の後に、グルントヴィはしだいに自分自身を預言者とみなすようになった。1810年の秋にすでに注目すべき預言的テクストを書いていた。それはヨハネによる黙示録の第2章、第3章における七つの教会の天使たちを、キリスト教会史における七人の偉大なる改革者の登場の予兆として描いたものである。この構想は彼の作品、すなわちもっとも注目すべき長編詩、『キリスト教の七つ星』(1856－60)の中に数回現れている。ここで彼は七つの教会それぞれの300年を描いている。七つとはすなわち、ヘブライ教会、ギリシア教会、ローマ教会、イギリス教会、ドイツ教会、北欧教会、そして七番目に未来のインド教会である。過去から現在、そして未来にいたるものとしての彼のキリスト教理解を通じて、グルントヴィは彼の役割を神への従者であると見た。彼以前のドイツでのマルティン・ルターの事例のように、彼はまさしく北欧教会の改革と蘇生のために召されたとみなしていた。

　彼の神経衰弱は教会とキリスト教に対する態度を変えた。ある意味で混乱してさえいるのだが、今度は彼が自分自身を尊大で利己的であったととらえた。同時に彼は彼の人生の課題が神に仕えることであると知った。彼は子ども時代を過ごした村で父親の代理牧師の職に応募し、親しい家族の手助けによって任命されることになったのである。

> *column* グルントヴィの時代の牧師の義務
>
> 　ウズビュでグルントヴィは教会の礼拝だけでなく、牧師の仕事に伴う様々な責務を負った。当時、牧師は国の行政において重要な人物であった。国家による市民とのやり取りを仲介する決定的な役割を演じた。このことは特に、19世紀の初期で人口の約90パーセントが住んで

> いた地方に当てはまった。教区では牧師たちだけが教育を受けた者という事例もしばしばあった。彼らは教会図書を保蔵し、誕生や洗礼、堅信礼、結婚、死を管理し、多くの場合地域の学校を監督した。牧師には新しい国民的および地域的統計について、さらに戦争と平和の布告、農業における新たな栽培法、救貧行政、古い種痘や新しい種痘についての情報を仲介することが期待された。彼らは徴税者でさえあった。住民の教育に関するグルントヴィの後の思想の多くは、彼が聖職者の子であり、また良心的な地方牧師であったことの経験から来ている。

　1810年から11年の危機はグルントヴィにとっては一種の回心の経験であった。彼は情熱の人であり続けたが、しかしその対象を北欧神話からキリスト教史に向け変えた。その後の歳月に彼は聖書を起点に、人間性を対象とした計画としての神の世界史を説明しようとする。

　この企図に対してグルントヴィが限定的な支援しかえられなかったことは驚くにあたらない。同時代の教会生活を支配した啓蒙神学者たちは、グルントヴィの新しい史料批判（Quellenkritik）の拒否や、教会と聖職者に対する個人攻撃を警戒した。同時代の指導的人物の多くが、グルントヴィは狂気を伴いファナティックだと批判したのだが、そのなかには世界的に有名な科学者で電磁気の発見者であるH. C.エルステッズも含まれていた。

　しかしグルントヴィは自分の立場を固持した。過去と未来における世界は、マルティン・ルターが主張するように聖書の忠実な理解に基づいていた。宇宙の中心を太陽とするコペルニクスの世界観が人類がどう創造を経験したかに関わるものではなかったので、それ以来グルントヴィは聖書原理主義者と呼ばれた。しかし、多くの人々はずっと以前の思想家をこうした近代的レッテルで分類することに意味があるのかどうか疑問としていた。

> 「…その時期の私の著述は神のことばの啓示としての聖書と、その帰結として、罪深い人間性の救済の唯一の対策としてのイエス・キリスト信仰に関わるものだった。この私の経路の延長上にある諸著作は私の提供できる情報のすべてを用意する。それらを読んだ後に、私が信じるがゆえに発言したことを誰が疑うというのか」
> (「北ユランとクリスチャンハウンとのあいだの文通」1824年、3-Ⅱ)

にもかかわらず、グルントヴィは後の生涯でこの聖書的世界観をもち続けなかった。1813年に父親が亡くなった時、彼は再び家を離れコペンハーゲンに向かったが、そこで彼は翻訳家、歴史家として生計を立てることを選んだ。彼の宗教探求の次の転換点は1821年に南シェランのプレステーの牧師職に招聘されたと同時にやってきた。彼は再び教区聖職者であったが、しかしまた自分自身の動機に疑問を抱いてしまった。彼の以前の頑なさは、聖書の諸々のテクストの権威ついての悩ましい懐疑へと変化した。

> *column* 啓蒙期の神学
>
> 　17世紀から18世紀にかけて、神学はしぶしぶ近代意識を、すなわち近代人は理性が受け入れるもののみを承認するという事実を受け入れるよう強いられた。神学は人間の救済の問題から、どのように社会と思想における諸々の変化を最良に案内しうるかという問題へと変わった。それゆえ神学は福音の功利主義や社会意識に影響を受けたし、道徳的観点での偉大な模範としてのイエスを見定めた。三位一体の主張ないし、神の子としてのイエスのようなキリスト教の教義は、学者たちが聖書原典を批判的に検証したことで維持困難になった。デンマークではグルントヴィとセーレン・キルケゴールがそれぞれの仕方でその問題を解こうとした。グルントヴィは教会の伝統と礼拝を聖書以上に重要と指摘し、キルケゴールは聖書テクストへの実存的、非歴史的

> アプローチを強調したのである。

　グルントヴィは今や、ルターが主張したようにキリスト教が「聖書のみ」（sola scriptura）によって存立し崩壊するものではないことを認識した。長い探求と熟慮の末、彼は教会の父、エイレナイオス司教（約130－200）の作品の伝統へと転じた。幅広い研究によってグルントヴィは、新約聖書が書かれる以前に、キリスト教は信仰の営みがなされる教会のなかに生きた仕方で存在していたという結論に行きついたのである。
　この認識はグルントヴィの「比類のない発見」といわれた。神は当初から彼の教会のうちに聖霊として、特に洗礼と聖餐のサクラメントのなかに現存していて、それらの場でのイエス自身のことばは、書き下されるはるか以前から繰り返されたのである。北欧神話からのインスピレーションのように、グルントヴィは、口承伝達の伝統がつねに書物の伝統以前に存在することを悟った。グルントヴィによれば、使徒信条は「主による口承のことば」であった。何人かの支援者とともに、彼は後にイエスが彼の使徒たちに信条を伝達していたという理論を展開した。そして使徒たちはそれを教会に伝達し、そこで使徒信条はそれ以来ずっと鳴り響いていたのである。その理論はグルントヴィの希望的な思想表現であったが、教会史によっては確証できないことがらである。

> *column* エイレナイオス（Irenaeus, ca. 130-200）
> 　一八二五年以降、グルントヴィの神学はリヨンの司教エイレナイオスの読書から強い影響を被った。教会で語られる使徒信条の意義に加え、グルントヴィは、キリスト者の生が成長の生であること、身体の復活がキリスト教と救済にとって重要であることという信念においてもまたエイレナイオスに従った。

　グルントヴィはこれらの見解を『教会の応酬』というタイトルの小冊子で

初めて公表した。その本で彼は神学教授、H. N. クラウセン（1793 – 1877）の新刊本を批判した。グルントヴィが主張するのは、クラウセンが近代のプロテスタント・キリスト教の誤りを代表し、彼の傲慢な野心や自己矛盾、異端信仰を告発した。クラウセン自身はグルントヴィに名誉毀損の罪を負わせることで対応した。グルントヴィは訴訟に敗れ「生涯検閲」下に置かれることになった。それは法的許可なしに何も出版できないことを意味していた。腹立たしさと苦々しさによって、彼は道半ばで牧師職を辞したのである。

敗訴判決であったにもかかわらず、グルントヴィはしだいに何がしかの支援を、特に君主の支援をえるようになった。国王フレゼリーク6世は、三夏連続の1829年から31年にイギリス旅行の奨学金を支給するかたちでグルントヴィの古英語文学研究を援助した。1832年にグルントヴィの支援者たちにはコペンハーゲンのドイツ教会のひとつでの会合が認められたが、洗礼と聖餐の儀式を催すことは認められなかった。

1837年にグルントヴィの検閲が解除され、1839年に彼の聖職者としてのキャリアがヴァルトウの病院教会で再開された。彼は1872年に死を迎えるまで同教会にとどまったのである。この教会は彼の生活と数を増した会合の中心になった。それは今日まで訪問者に門戸を開く生きた教会として維持されている。驚くことに、祭壇の中央に祭壇飾りがないのだが、グルントヴィが33年間そこで説教をした説教壇はある。彼の讃美歌が初めて歌われたのはこの教会だった。歌は一般に歌われる場合に比べていっそう速いテンポのもので「ヴァルトウ・ギャロップ」としてその地域では知られている。

1825年以降のグルントヴィの人気上昇は単に彼の讃美歌の創作やカリスマ的人格だけでなく、彼の制度としての教会を変革する視座によるものでもある。彼はクラウセン教授への攻撃を後悔するようになり、教会の内部での信仰の一体性を断念するようになった。なぜなら彼は礼拝と説教のいっそうの自由を求めるようになったからである。実際、彼は民衆が教区への緊縛を断ち、ほかの場所で礼拝し説教する自由を獲得すべしと提唱しさえした。その提案は1855年に議会において法制化されたのである。多くの人々はまたグルントヴィのキリスト教にしだいに魅了されるのを感じた。我々は人類と人間存在とに関して、グルントヴィには当時のルター派教会一般に見られる

よりも高い評価があることを知るのである。
　神は本来的に人類を神自身の像において創造しており、神やキリストとのいっそう大きな類似性に向けて成長する能力を授けた。堕罪において人間たちは悪魔の暴力にとらえられ、この能力が犠牲になった。しかし洗礼において人間たちは悪魔に背を向け、新たに神と契約し、そこで彼らは本来の創造性を回復した。グルントヴィのこの着想もまたエイレナイオスに由来し、ある程度の範囲では、ルター派の伝統とは対照的だったのである。

> 「生来の人間の生と生まれ変わった人間の生とはたいへん大きく異なっている。しかし他方で、我々が語るのは、同じ諸法のもとにあり、同じオリジナルの資質をもち、同じ生の諸法と諸特質をもつ同じ人間の生である。だから人間の生はきわめて陰鬱できわめて貧しくきわめて不純な状況にはあるが、それにもかかわらず心においてすべての人間の生はきわめて純粋で清潔な性質の人間と同種のものなのである。こうして一言でいえば、十字架にかけられた盗人は、神のみによって生まれた息子であり我々の主イエス・キリストと同じ人間の生を分かち合うのである」
>
> （『教会論集』1857年、3-Ⅲ）

　人間たちは洗礼において本質的に別者はならなかった。つまり、彼らは虚偽の手の内にあり、その際には発達できなかったが、そこから解放された。だがそれでも基本的に再創造されはしなかった。そのことは、洗礼において説明されるように、グルントヴィが信条のはじめに悪魔の否認を好んだ理由であった。それは多くの彼の同時代人たちと対照をなすものであった。後者はむしろ洗礼による悪魔の放棄を非合理で古めかしいと見ていた。だが今日まで悪魔の否認は、世界中の多くのほかの教会では取り除かれてきたにもかかわらず、デンマークのルター派教会洗礼の儀式の必須の部分として残されている。

讃美歌の創作における二人の偉大な先駆者、トーマス・キンゴ（1634 - 1703）やハンス・アドルフ・ブロアセン（1694 - 1764）のような多くのほかのルター派神学者たちに反して、グルントヴィは人間性が堕罪によって破壊され済みとは考えなかった。むしろ人間性はその本来の目標への成長が阻害されていると考えた。彼は洗礼を、信仰と希望、愛における成長への回帰を提供するものとみなし、神と神の永遠の王国への接近とみなしたのである。

　だがこの点で、グルントヴィのオプティミズムには動揺の可能性がある。彼はときどきその王国の近さについて熱を入れて書いたが、ほかのところでは地上でのキリスト者のあらゆる生の成長にもかかわらず、彼は人間がこの生において多くの前進をなしうるのかどうか疑った。彼はその思想を特に主要な神学的作品『キリスト教基礎教程』（1855 - 61）に定式化した。そこで教程は彼のセーレン・キルケゴールとの論争の一部となった。しかし当該教程は彼の讃美歌にいっそう偉大な表現を見つけ出したのである。

　グルントヴィは、この成長の枠組みがキリスト教会とその礼拝であったことを知っていた。信仰は洗礼を通じて、希望は祈りのことばと説教を通じて、愛は聖餐での仲間を通じて到来した。これらの贈り物への感謝に際して、人間は賛美によって、特に讃美歌を歌うことで応え、そのことで神の意志にしたがう生を営むことへと高められた。グルントヴィは、会衆仲間にだけ、キリスト者の生活を思い描くことができるが、他方で、会衆は全体としてしだいに、強さと真実、愛のなかで神の国に向けて成長すると考えたのである。

　グルントヴィ自身の役割には生きた重要性があった。彼の人生の最晩年にはヴァルトウの会衆の数は着実に増え続けた。人々は彼の新しい讃美歌を歌いに来たのであり、そのことが安定した流れとして現れた。多くの人々にとって彼は、礼拝においてほとんどカルト信仰のような雰囲気を醸しだす預言者であった。ほかの人々はまさに何が起こるのかを知るために加わった。「人々がヴァルトウのように歌う場所はない」と言われたのである。

グルントヴィの物議を醸した説教

　次の抜粋はグルントヴィの物議を醸した説教（1810）からのものである。それは彼に聖職者としての資格を与える試験の一部であった。その説教は、

挑発的なタイトル「なぜ主のことばは彼の家から消えたのか」によって、大いに注目を惹きつけた。彼はその説教で最高点を与えられたのだが、彼がそれを出版しようとした際、多くの人々は動揺した。少ないが何人かの聖職者は公然と「良心の欠如や臆病、傲慢さの盲目、真理と宗教に対する反逆、卑劣な偽善者、意図的な民衆の欺瞞者」と呼ばれたことに抗議した。問題は国王がコペンハーゲン大学に命じ、グルントヴィへの譴責処分を行うことで決着した。

後に掲げる引用文が示すのは、グルントヴィが聖職に就く途上で動揺したこと、さらに理論的な宗教観をもっていたことである。しかし、その説教はルター派キリスト教に対する誠実な擁護の試みであった。人間たちは自分自身で永遠へと続く橋を築くことができない。神が彼の息子を送ることで人類と向き合い、そのことばが、我々自身のことば以上に教会で聞かれるはずだったのである。ここには理性を通じ、別の永遠世界とコンタクトする人間のすべての試み、あるいは自力救済の試みに対する潜在的批判があり、それ自体として当該説教はそのような方向にある啓蒙とロマン主義の両方に対する批判であった。それは人々が信仰に寄り添うための呼びかけでもある。というのは神自身が彼の王国に対する経路を示すだろうからである。

「なぜ主のことばは彼の家から消えたのか」より
　我が国の諸々の教会にかんして、私は「我が国の」と限定するのだが、それらはもはやキリストの教会ではない。我々はそこでどんな話を聞くのか。(…)主のことばは彼の家から消えてしまった。というのも、ことばは依然として教会で聞かれるかもしれないが、それは説教され、詳説され、喜びを覚えるものではない。

　なぜそうなのか、なぜ「キリストの使徒」と呼ばれる人々は、キリストが灯したランプを隠すのか。我々はそれをもはや必要としないのか。彼らは自分たちの正当化の道を知るために、理性という啓蒙された目を獲得したのか。

第3章　牧師　　69

Adolph Lønsborg/Gyldendals Billedarkiv (Public Domain: Free of copyright due to the expiration of copyrights 70 years after the artist's death)

88歳のグルントヴィの亡くなる六日前の写真（アドルフ・レンボー撮影、1872年、国立図書館所蔵）。同じ年にイギリスの文学批評家エドムンド卿・ゴッセは満員のヴァルトウ教会での礼拝に参加し、長く白い髭を伸ばした老預言者を次のように表現した。

「彼は恍惚とした崇拝者たちのあいだを歩き回って、私の傍でしばらく立ち止まり、その手を少女の頭の上にのせた。だから私は彼の顔をしっかり見たのだ。90歳にならんとする男とは思えなかった。彼の動作はすばやく、足取りはしっかりしていた。しかし、彼の大そう高齢に見える外見に注意が釘付けにされた。彼はまるでノルウェーの洞窟に住むトロルのように見えたし、何千年も生きてきたかのようだった。禿げ上がった円く大きな頭からたいへん長い絹糸のような髪が肩まで伸びていて、長く白い髭と束ねられずに混ざり合っていた。彼の両目は突き出た眉の下に燃え、その両目だけが唯一顔のなかで生きている部分であった。というのは、彼は唇を動かさずに話したからである。彼の目鼻立ちは依然として鋭いが、精彩はなく、平静なものである。開けたままの扉から隙間風がその相貌に吹き付けるので、絹糸のような白髪が薄いカーテンのように彼の顔を通り過ぎていく。彼は張り詰めた仕草で、腹話術師のようにつぶやきながら教会を歩き回り、彼の弟子たちが彼の背後で礼服の裾をなで、彼の靴のかかとにふれながら跪いて礼拝をした。最後に、彼は説教壇に上って説教をはじめた。冴えない声で彼は我々に誤った精神を知るよう、いかなる精神もそれが神のものなのかどうかを吟味するよう警告した。彼は説話にたいへんな労力をさき、かなりゆっくりとなりハスキーな声になって、言葉と言葉のあいだに長いポーズがおかれて、ぜんまいが止まりかかった時計のようであった。彼は超自然的に見えたが、キリスト者には見えなかった」（3-V）

彼らはしっかりとした足取りでその道を歩み、罪の誘惑に向かい合う強さをもっているのか。彼らはもはや、悲しみや苦悩、死において神の慈愛や神の慰めを必要としないのか、初期にキリスト教を説教した人々を必要としないのか。

我々のあいだに見られる主の言葉の使者と、かの聖なる使徒や初期の時代にキリスト教を告知したすべての人々とは外的状況においてたいへん異なっている。後者は街々、国々を通じてユダヤ教礼拝者から追放され、市場では投石されねばならなかった。キリスト者の権威のもとで立ち向かおうではないか。

しかしながら、我々自身がキリスト者であるなら、我々が感じるのは、イエス・キリストの聖なる教えだけが知性を不安にする懐疑を鎮め、悲しみの心を慰め、我々を誘惑や苦難を通じて正義と神聖さに即して導く力があるという信念に満たされていることである。落胆して「誰が我々のことばを信じるのか」とは尋ねないようにしよう。むしろ、確信をもって使徒とともに叫ぼう、信仰は聞くことにあり[1]、神のことばは聞かれるだろうと。そうして勇敢にことばというこの力のある剣を、罪と不信に対して振るおう。時代の安っぽい叱責や自分が賢いと己惚れた人々からの憐れみの恐れを抱くことなく。

ロマン主義とキリスト教

「生きいきとした人々の国」（1824）はグルントヴィのもっとも有名な仕事のひとつである。それは讃美歌の短縮版「おおキリスト的であることよ」として多くの人々にいっそうよく知られ、2002年の最新のデンマーク讃美歌集には、「私はある国を知る」といういっそうオリジナルに近いバージョンで収められている。

その詩が示すのは、グルントヴィが時間的世界において永遠の調和を見出す人間と詩の能力のロマンティックな夢をからしだいに離れることであり、

---

[1] ローマの使徒への手紙10章11節を参照。

最初の三連に描かれた楽園は維持されなかった。楽園を再創造する詩の試みは空しいものである。そこへのアクセスはキリスト教の信仰と希望、愛を要求する。それは最後の七連で天と地上のあいだに橋を掛ける。

　その詩はロマン主義への運動を表現するが、それは「波の打ち寄せる岸辺」と「流氷」のイメージ、すなわち吟唱詩人（スカルド）と自然のイメージを用いてである。関連テクストとして、詩は上記のキンゴによって書かれた詩「父よ、世界よ、さようなら」（*Far, Verden, far vel*）を念頭に置いていた。キンゴは天と、涙の谷としての地上とのあいだに先鋭な一線を引くのだが、グルントヴィは神の国がたしかに地上に見られると考える。その冒頭において維持されなかった国は、キリスト教が「生は宣言する　我が国は天と地上の両方にあると　そこに愛は誕生へと来る」について語る愛という生の経験とともに帰ってくる。

---

column「元旦」

　1824年にグルントヴィはまた312連の詩「元旦」を書いた。謎めいており難しいが魅力のある詩であり、それは彼の作家生活のもっとも重要な部分である。その詩で、人間は単に真理から隔たった感覚をもつにすぎないこと、最深の知識を発見するには時間がかかることが明らかになる。というのも、真理は歴史や神話の知恵のなかにのみ見出されたからである。デンマークや北欧の過去と未来の両方に対する多くの参考文献が示すのは、その詩がグルントヴィによる北欧史の象徴化の試みであり、この歴史における彼自身の意味を錬成することであり、彼自身をよりよく理解することである。北欧諸国のように、彼は闇に面し、解明を見出し、宗教的突破の上に構築し、実存的向上や勝利、没落、再生を経験した。凄まじいエネルギーによって。「生きいきとした人々の国」におけるように、謎は楽園の国へとどのように突破して進むかである。これらのテーマがこの神話的でいかめしい作品に織りあげられたものであった。有名な連はデンマークのロックバンド、Nephewによって彼らのアルバム「Danmark-Denmark」で最近使われ

たが、その連は詠う。

> 「なんて惨めな奴だ　だけど俺は学んだのさ
> 俺の真冬の独房で
> 温かみのねえ光は
> 地獄の苦しみだ
> むせび泣く涙も残っちゃいねえ
> 神のためにも、友のためにも
> 俺は怯え、いらついて
> また怯えた
> 愛の源を求めながら
> 俺は心に決めたんだ
> 俺自身を知り、変えることだと」
>
> (「元旦」のデンマーク語・英語版、K. S. ペーターセンによって2009年に出版された。伝記を参照、3-Ⅳ)

「生きいきとした人々の国」

1. おお、素晴らしき国よ
   そこでは髪が白くならず、時は刻むことがない
   陽は燃え盛らず、波は打ちつけることがない
   秋の収穫は花開く春を祝福して包み
   夕べと朝とがいつも踊る
   昼の輝きとともに

2. 生の恵みある国よ
   そこには砂時計の砂粒のように、涙が流れ落ちることがない
   そこには価値あるものが失われることがない

そこには涙ぐましく痛ましいものがないだけである
　　人それぞれが胸に秘めた憧れを探し求める
　　君の微笑ましい岸辺よ

３．約束の地よ
　　君は鏡のように澄んだ朝の岸辺であいさつを受ける
　　そのとき子どもらは君の美しい姿を注視して輝き
　　君を森の緑のなかに夢見る
　　そこに子どもらは花々とイグサを手に抱え
　　微笑みと生を分かち合う

４．おお、つかの間の夢よ
　　時のなかの永遠の島はつねに流れゆく
　　涙の谷の喜びの御寺よ
　　その涙の広間の半神の生よ
　　生きいきとした国はきらめきにすぎない
　　この移り行く夢の中の

５．おお、裏切られる夢よ
　　時の絶えざる流れに浮かぶ輝ける泡沫よ
　　吟唱詩人（スカルド）は虚しくことばとペンで
　　揺れる影たちから再生しようとし
　　その様子がごく類似しても小さき影たちはむせび泣く
　　その姿を見つめながら

６．魅惑の夢よ
　　時の絶えざる流れのなかで永遠という真珠をめぐって
　　君は手足をバタバタさせ、むなしく追い求める
　　心が湧きたつものをイメージと技芸のなかに
　　それらはずっと久しく、たしかに消え失せたものに呼びかける

何時間でも、何年でも

 7．おお、愛の精神よ
　　　子どものように、私に君の輝く手に口づけさせてくれ
　　　その光は天から下り、地上の沃土となり
　　　その黄金の指で我々の目にふれ
　　　波打ち寄せる岸辺の向こうに青々と浮かび上がる
　　　素晴らしき国よ

 8．おお、天の名よ
　　　我々の名に聖なる腕を開け
　　　さすれば汚れのない精神が
　　　塵にふれられる
　　　萎れた葉を生きいきとさせ
　　　私の肉体にごく深く跪かせよ
　　　神はただ私を見るのだ

 9．おお、不思議な信仰よ
　　　それは深遠に橋のアーチをかけ
　　　轟々と岸辺に打ち寄せる流氷を堰き止める
　　　死者の住まいから生きいきとした人々の国への流氷を
　　　我等のもとに慎ましく暮らし給え、高貴な生まれの客人よ
　　　それは君には最高の喜びだ

10．軽やかな翼の希望よ
　　　洗礼の泉での再生する神の兄弟よ
　　　海を背にしたかの国への多くの旅人に対して
　　　諸々の福音に対して、君の与えた慰めに対して
　　　私の君への感謝を、喜びを知る感謝を捧げさせてくれ
　　　希望の時が過ぎ去っていても

11. おお、愛そのものよ
    君よ、諸々の力が流れ出す静謐の水源よ
    主は君を我等の束縛を解く父と呼ぶ
    魂における生の力はすべて君の精神のきらめきだ
    君の国は死に抗う場にある
    その国が我等に到来する

12. かくも恵深き我等の父よ
    君は人間という土くれの寺院を治め
    精神を仲介者の名において築く
    人間の腕に抱かれ燃え立つ祭壇とともに
    密やかな煌である天光の住まいとともに
    君と君の息子のために

13. おお、キリスト的であることよ
    君は我々の心に知られないものを贈った
    目を天に向けるが、我等には微かに輝くにすぎないものを
    だがそれは我々の心の内に生き、私に感じられるものだ
    生はいう、私の国は天であり地であると
    そこにこそ愛は住まうのだ

教会

『神学教授H. N. クラウセン博士に対する教会の応酬』(1825)でグルントヴィは彼の新たな教会観を初めて公表した。この本で彼はクラウセン教授の新しい大著『カトリシズムとプロテスタンティズムの教会体制、教説、儀礼』を攻撃した。グルントヴィは、クラウセンの著書がカトリシズムに対するプロテスタンティズムの優越を示す流儀に問題があると主張した。クラウセンは、カトリシズムがキリスト教の伝統と教会の諸々の偶発的決定に依拠するのに

対して、プロテスタントは聖書のみにより、イエスの教えを聖書研究によって跡づけることができると主張した。

クラウセンはルター派の聖書思想を教会の基礎として保持するとともに、解釈において同時代の批判的理性の要求を実践しようとした。グルントヴィは、それができるのは聖書学者にのみ権力が認められる場合にすぎないと批判した。クラウセンの主張が意味したのは、普通の人が「教会」の価値を見つける際、学者の解釈に頼ることであった。グルントヴィが次のテクスト（抜粋１）で述べるように、クラウセンのアプローチは教会史を度外視し、すべてを初発に戻すことである。

1826年に書かれた『キリスト教の真理』（テクスト抜粋２）でグルントヴィは、聖書を読むことを有意義にするのは教会とその歴史を通じた信仰であると主張する。教会は信仰の生きいきした生である。聖書はこの生きいきした生のためにあるのであって、信仰そのものの生ではない。というのは、キリストの教会が存在する前に、つまり新約聖書が書き下される以前にキリスト信仰があったからである。神は彼の民に教会で語りかけたのである。

抜粋１『教会の応酬』より

　私が批評家としてではなく、教会側に立って著者に反対することにクラウセン教授の新刊本の誠実な読者は驚くであろう。なぜならこの本で彼はすべてのキリスト教会の敵対者であり、我が国の神の言葉の侮蔑者の頭目の立場に身を置いているからである。私の見るところ、同教授は作家であり、名もなく指導者として権力をもつものでもないが、しかし聖職者の教師としての彼の地位と若い神学生の信望とが、彼をデンマーク教団の教会でいっそう有意義な者とする。このことは見過ごすことができない。このことを特徴づけるために、そして私の側からの闘争が個人的ではまったくなく、単に学問的でもなく、むしろ可能な限り純粋に教会的であることを読者に思い起こしてもらうために、私はこの論争の書を『教会の応酬』と呼び、この問題を通常の読書世界から取り出してキリスト教の一般法廷に提訴する（…）。

　読者は疑いなくそれを、クラウセン教授が懐妊したプロテスタント教会の

奇妙な空中楼閣とみなすだろうし、書物が知識の起源であり、その読者たちの信仰規則であることができ、同時に彼らの靴拭き布のように無意味でありうるという馬鹿げた信念とみるだろう。それはなんと本物でありつつ偽物であり、明快でありつつ曖昧であり、完全でありつつ欠陥があり、限定的でありつつ無限定であり、神的真理でありつつ明確な誤りであることか。だから使徒たちは、真理の精神が彼らにイエスのことばすべてを思い起こさせるはずだとのイエスの確言を語ったのだが、そのことは純粋な虚偽なのである。(…)

　私にはわかるが、教授は彼のプロテスタント教会によって彼自身を直接的にキリスト教の誕生時に立ち戻っており、意図的にその間にある歴史のすべてを度外視している。唯一教会を説明できる歴史という問題を無視することで、彼は途方もない夢想によって我々から離れる。それは、現実世界では何も変えることのできないという夢想であり、我々がキリスト教の成長を跡づける困難に突き当たった際、我々の唯一の課題である夢想であるが、それによって我々から離れる。なるほど、同教授が教会史は暗黒であり、矛盾した説明や解釈、そしてそれらにもとづく主張からなる迷路であるとし、それゆえに、我々が唯一の主であり教師であるキリストに向き合わねばならず、唯一適切なルールであり道案内である聖書に向き合わねばならないとする点で、私は彼に同意する。だがしかし、我々が意図的に時間を通じた唯一の現実的経路であるその間の歴史を無視するなら、箒に乗って空中を飛ばなければどのようにしてキリストや聖書に行き着くのであろうか。

抜粋2『キリスト教の真理』より
　私にとってたいへん説得的ではあるが、マルティン・ルターは私の同僚と同じように盲目であったし、私が否定できない仕方でそうであった。というのも、我々は聖書の起源と範囲、内容についての自由なキリスト教研究への我々の愛好を主張するし、死や精神破壊的な字面を嫌悪する。我々をキリスト者にしたのは聖書ではない、むしろキリスト教の信仰が我々を聖書に駆り

立てることを我々は知っている。信仰の精神が経典を我々に開いたことを我々は信じる。我々は、聖書を声高く読まれる祭壇に置き、書物によってキリスト教を説明するのではなく、むしろ古いやり方で聖書に依拠する慣習によって非難を受けている。だが書物はその文字が除かれれば、誰でもが好きなことを書ける空白の頁に等しい。精神と信仰の生の光なしに諸々の文字を編集すれば、我々はいびきをかいて居眠りする教会や詭弁のとげが茂る生垣、独断の氷河やお説教の洪水を創造するにすぎないだろう。

C. A. Jensen/Gyldendals Billedarkiv (Public Domain: Free of copyright due to the expiration of copyrights 70 years after the artist's death)

第4章　歴史家

「幼年期から歴史は私の生であった。後世の人々が私の著作にもとづいて私を判断する場合、それはおそらく私がほかの人々と異なり、まったくもって歴史的性格をしていたということになるだろう」
(「使徒ヨハネによるイエス・キリストの啓示についての短評」1810年、4-Ⅰ)

グルントヴィの数多くの活動全体のなかで、おそらく歴史に関わる仕事が最も包括的である。多くの意味で彼の歴史家としての仕事は、ある意味で彼が引き受けたほかのすべての仕事の前提であった。このことは人間の条件と人間存在についての彼の見解によるものである。彼にとって人間であることはその人自身の生を生きることを義務付けられることであったのだが、他方で同時に、そして同等の重要性をもって、その人自身よりも大きな歴史の一部であることでもあった。というのも、我々はまた、書き記された規則や書かれていない習わしのすべてよって、少なくとも人が帰属する民族の文化や言語に伴う慣習および法典によって、人類の一部であることが義務付けられているからである。この基礎において、我々は民族の精神によって特徴付けられている。教育をとおして過去を洞察することによってのみ、我々は我々自身を、そこに見る諸々の時代を理解できるのである。事実グルントヴィは、我々が真に我々自身を理解できるのは、この基礎によってだけであると考えていた。

>　「歴史は人間の条件に対する洞察の自然な拠り所である」
>
>　　　　　　　　　　　　　　　　　　　　（「年代記の奨励」1816 年、4 - Ⅱ）

　グルントヴィの歴史への関心は、彼が主要な歴史作品をたくさん読んだ幼年期に早くも始まっている。その後の生涯を通じて、倦まず弛まずエネルギーを注いで彼は過去の人物や様々な時代について研究したり書いたりした。

　我々は、グルントヴィの歴史に関わる作品の心臓部に彼の世界史を提示する試みを見る。この仕事の発端は 1808 年から 10 年の時期に、彼が歴史と地理を教えたシューボーエの学院のギムナジウムのクラスでの教材づくりであった。彼はこの仕事を 1812 年、1814 年、1817 年の三つの『世界年代記』（*Verdenskrøniker*)、1833 年から 56 年のあいだに公刊された包括的な『世界史ハンドブック』（*Haandbog i Verdens-Historien*, Ⅰ-Ⅲ）の 3 巻本によって継続した。これらに加えて、多くの企画があったが、世界史執筆の試みとし

Illustreret Tidende, 1882-83/Gyldendals Billedarkiv (Public Domain: Free of copyright due to the expiration of copyrights 70 years after the artist's death)

グルントヴィは彼の生涯の多くを書斎ですごし、特に歴史について読んだり書いたりしていた。このイラストは1882−83年のもの。

て完成することはなかった。それらの試みはグルントヴィによる論文や世界史講義草稿、子どもたちに向けたその主題の詩的草稿のかたちで存在するにすぎない。

> *column* 普遍史
>
> 　我々は1750年頃から今日にいたる時期を近代と呼ぶのであるが、グルントヴィは多くの仕方で近代への移行の位置に立っている。様々な理論が肯定することだが、近代以前には歴史は、後のように進歩する一貫した過程と見られていなかった。むしろ、歴史は道徳のパターンを供給できるようなバラバラな説明のつながりと見られた。このことは特に、そうした世界像に重要な意味を見た聖書の物語について当てはまった。というのは、聖書の諸々の物語は無時間の真理をそれら自身の世界に限定することなく説明したからである。世界が現実に発展するということは、こうした時間理解には縁遠いことであった。だから事実とフィクションとのあいだの区別は、今日ほど大きな役割をはたしていなかった。この歴史観は啓蒙とロマン主義によって基本的に変化した。自然における首尾一貫したプロセスに関する自然科学の諸々の発見に鼓舞され、諸々の事件が相互に影響しあう途切れのない連鎖をもって普遍史と見られはじめたのである。ダーウィンの進化論は同様の見方に養分を提供した。ここから、数々の戦争と不幸という光のなかでつねに疑問に付されてきた信念であった発展および進歩という近代の歴史思想は舞台に上った。さらに過去の諸々の出来事がどのように生じたのかという関心が増大し、歴史に対する新たな体系的かつ批判的アプローチが歴史文書を基礎として進められた。これは史料批判という現代的用法を導いたのである。

　世界史を構成するこれらの試みすべての背景に、多様な歴史を単一の普遍史に連関させるという基本要求がある。その刺激は、ステフェンス（1773－

1845)、ヘルダー（1744‐1803）、シラー（1759‐1805）のようなほかの啓蒙主義やロマン主義的歴史家および哲学者たちに由来する。グルントヴィは特に従兄のステフェンスへの学恩を認めていたが、にもかかわらず彼独自の経路を追究した。とりわけ青年期に彼は聖書的世界観に影響を受けており、何ら不安もなく旧約聖書において説明される世界史について解釈をはじめた。

　世界は神による人類の案内の直接的結果として進歩したのであり、人間的発展の表現としてではなかった。これらの歳月のグルントヴィの歴史記述はキリスト教の擁護と、不信仰、特に彼の同時代人のなかの不信仰に対する非難のためのものであった。この観点は、つまり本や雑誌、説教、講演におけるそうした観点の公表は、彼をしっかりと同時代の公的議論のただなかにすえた。

> 「真理とは何か、それは時代が示すに違いない」
>
> 　　　　　　　　　　　　　（『世界年代記研究』1817年、4‐Ⅲ）

　後にグルントヴィは性急な結論を描くことにいっそう注意深くなり、史料を用いるにあたって細心の配慮を怠らず、別の仕方で考えた人々との対話を好むようになった。しかし、歴史は『創世記』ではじまるという主張はすでに彼自身の時代において古くさいものと見られていた。

　世界史に加えて、グルントヴィはほかの多くの歴史的主題、学校や教会、国家、北欧諸国について執筆し、そして特に、普遍史においてその役割が際立つと信じるデンマークの民族・民衆史について書いた。彼はまた、民族・民衆の役割を普遍史の理解において重要としたドイツの歴史家にも似ていた。歴史の教育を通じて、グルントヴィは民衆がデンマーク社会の生に参加可能になることを期待した。民衆が過去について深く洞察すればそれだけ、彼らは未来によりよい仕方で備えられるだろう。それゆえ、グルントヴィがフォルケホイスコーレ思想を提案した当初、歴史の教育は中心に置かれたのである。

> *column* グルントヴィの歴史観に対するキルケゴールの批判
>
> 　同時代の神学者であり哲学者、作家のセーレン・キルケゴール（1813－55）はグルントヴィの歴史観を批判した。キルケゴールの思想は個人（主体性）に焦点を当てており、グルントヴィの教会や民衆、共通の歴史のような集団的なものに懐疑的であった。彼はこうした集団的思考へのフォーカスが個人の人格的、倫理的責任や自己認識から注意を逸らすと主張した。これに対してグルントヴィは、人間たちは歴史感覚がなければ、彼らの思想のなかで自己自身を失う。むしろ問題はキルケゴールの個人の哲学だと応じた。この主体をめぐる二人の思想家の緊張関係は今日にいたるまでデンマーク文化の一部であり、議論が個人と集団との対立になる時にはいつも顔を出すのである。

　グルントヴィの歴史記述を一緒に束ねた諸々の糸のひとつは、彼が歴史の活気付けと呼んだものである。彼はしばしば、死者たちに語りかけるために彼らを目覚めさせるというイメージを用いた。過去が生きいきとしていないのであれば、関心が薄かったのである。我々の祖先の失敗や成功、英雄的事業は今日の時代に英知を与えた。それゆえ歴史の教育と記述は、過去との生きた対話でなければならないのである。

　この一例がグルントヴィの個人出版雑誌『デーンの防塁』（*Danne-Virke*, 1816-19）であり、それは哲学的論考や詩からイギリスの古い伝説や民謡の翻訳にいたるまで並んだ多様なテクストを含んでいた。彼自身は、自らの論考を「花」（詩）、「葉」（史料批判）、「実」（哲学的論考）に分類したのである。

　まさにそのタイトルには、デーンの防塁壁がデンマークを物理的かつ文化的な侵入から守るために、南部国境を横断する仕方で築かれた時代に帰ることであった。『デーンの防塁』で公表され、多岐の論点にわたる諸々の詩において、グルントヴィは過去の偉人たちの精神、特に女王チュラ・ダネボの精神を目覚めさせる。彼女は伝説によればデーンの防塁建設に責任を負ったのである。グルントヴィは比喩的に、国を襲う諸々の危難にかんして彼女の

助言を請う。歴史が描かれるそれらの詩のひとつに、海に波があるように、グルントヴィにおいてもしばしば繰り返されるが、彼は現在に影響を及ぼす過去の精神の波に呼びかける。

> 「さあ溶け込もう
> 過去の青き波々へと
> ダネボの英雄たちのように
> 立ち上がろうではないか」
>
> (「チュラ・ダネボの歌の反響」1817年、4-Ⅳ)

　歴史を生きたものにするグルントヴィの努力は多くのかたちをとった。彼はギリシア語やラテン語、アイスランド語で詩作し、独学による英語の話者であり書き手でもあった。彼はデンマークの英雄やクリストファー・コロンブスのような世界の冒険家について詩を書いた。彼は古い詩を現代デンマーク語の詩に改作した。特に、北欧ないしキリスト教的な内容をもった詩を改作した。さらに彼は多くの詩を翻訳し、そのなかに有名なイギリスの古詩『ベーオウルフ』(1820年に最初の翻訳)やサクソーの『デンマーク年代記』Ⅰ-Ⅲ (1818-22)、スノッリの『ノルウェー王の年代記』(1818-22)があった。
　後に彼は大英博物館 (1829) やエクセター大学 (1830)、ケンブリッジ大学トリニティ・カレッジ (1831) で古英語の草稿を研究した。イギリスでの彼の文献学的研究と『ベーオウルフ』の翻訳はそれ以来、J. R. R. トールキン (1892-1973) を含む中世学者たちに影響を与えてきたのである。
　このような仕方で、グルントヴィの学問的達成は知られていた。彼のアプローチは類似の主題に取り組んでいる多くの人々を狼狽させた。特に聖書史料についての新しい歴史的批判が聖書研究の新方法を用意するものと見た人々を狼狽させた。歴史家であり翻訳家であるグルントヴィの方法となった観点は、生きた伝統に結びついているという彼のダイナミックな意識による

ものであり、過去のすべての有意義な研究の出発点であった。歴史の史料批判を避けることで、彼は自分自身の方法を「歴史・詩的」アプローチと呼んだ。歴史家として、乾いた学術よりも生き生きとした詩的精神にいっそう関心があると言明したのである。

彼の翻訳による第一の対象は「民衆」、すなわち民衆教育を必要とする人々であった。翻訳が何らかの目的に役立つとするなら、彼の同時代の読者と共鳴しなければならない。サクソーの翻訳は、それが歴史や社会における民衆の位置について彼らの理解を促さなければ空しい仕事にすぎなかった。グルントヴィの歴史に関わる諸々の歌謡や講演、古い伝統的な讃美歌の彼による改作、北欧の諸々の神話を対象とした彼の仕事は同様の目的に向けられていた。

我々の祖先の鐘の鋳直し

グルントヴィ自身が、神話や歴史を主題として含む詩を表現するひとつのジャンルとして考案したものに、反響詩がある。1816年の『デーンの防塁』誌からの次の抜粋は、その反響詩のひとつである「ビャルケの呼びかけの反響」に類似している。グルントヴィの詩のインスピレーションは、彼が10世紀と推定した「ブルナンブーフの闘争」に関する古英語であった。

ブルナンブーフの闘争の反響
1. この寂しい辺鄙の地に私は座る
   貧しきスカルド詩人の私
   私の眉を突いて到来するものを見ること
   それが私の観る力のすべて

2. 私に与えられた揺りかごの傍に
   売春や物乞いの人々がいて
   彼らとともに私は生を通して我が道を乞い求めた
   私の墓にいたる放浪者として

Lorenz Frølich/National Museum of Denmark（Public Domain: Free of copyright due to the expiration of copyrights 70 years after the artist's death）

デンマークで知られる最初の女王、チュラ・ダネボがデーンの防塁の建設を命じることが描かれている。ベストヴィルク音楽・スポーツ継続学校（旧ベェストヴィルク・フォルケホイスコーレ）にある大きな絵はローレンツ・フレーリヒの1955年のエッチングによるもの。

3．祖先たちの記念碑に私は思いを巡らす
　　どのように正しく仕分けるのか
　　土くれから金と銀とを
　　そしてどのようにそれらを結びなおすのか

4．私は瞑想し、思いに耽る
　　いかに私の目的に達することができるのか
　　ときどきの時刻を打ち示す時計の
　　それぞれの調子が何を演じるのか

第4章　歴史家　89

5．私はできる限り最良のかたちを鋳る
　　何がしかの技でそれはなされる
　　私は理解したように建てる
　　砂時計が巡るように建てる

6．私はこれらの鐘をたくさん、小さく鋳て
　　その音を人々にふれさせる
　　その音が時を打てるかどうか見るために
　　だから私はその時を聞き知ることができる

7．私の鐘はそれゆえ、個々それぞれに鋳られる
　　すべてがそれ独自のあり方で
　　それが打ち知らせるべき時そのものが
　　その鐘を導く

8．どの時代精神も、それがどこに住まうのか
　　人は真摯に探さねばならない
　　その精神の意味をとらえ
　　その精神にその原石を乞うために

9．たしかに私は何度も聞いた
　　祖先の諸々の精神の語りを
　　そして反響によって原石を受け取った
　　精神の高い広間で

10．だがけして易しくなかった
　　正しく聞き取り、応えることは
　　だから精神は鐘の音響の後に
　　黄昏どきに現れる

11. 思うに私の鐘楼がなしうるのは
    友たちの心を動かすこと
    だがどのモグラ[1]も言おうとする
    ただ鳴り響かない鐘を聞くだけだと

12. 何度もこのことが聞かれた
    だからおそらく知られていることだが
    私の鐘の反響は
    モグラが好きになれない音だ

13. ただ祖先の精神だけがこうも優しく
    私を助けて歌わせる
    だが私が祖先の土を我がものとして用いた場合にだけ
    私の舌はそこに結ばれるだろう

14. このことの上に私の知性はしっかりと立つ
    そこから私は動かされない
    そしてできるだけ元気に
    私自身の鐘を鋳る

15. 私の歌はただの反響だ
    我等の祖先の闘争の歌の
    だから私の歌は求めるにすぎない
    祖先を賞賛するようにと

---

1 「モグラ」は大地に束縛され、［天の響きを聞く］聴覚に障碍のある者に対する象徴表現。

コロンブスと帝国主義の批判

　1833年から56年にかけて出版された三巻からなる浩瀚なグルントヴィの『世界史ハンドブック』は、老グルントヴィの主著である。それはおそらく彼の讃美歌に次いで、20世紀にまで及んで、特にフォルケホイスコーレとグルントヴィ派の人々のなかで最も広く読まれた作品である。1812年と1814年、1817年の三つの『世界年代記』は、同時代のキリスト教の欠落に対する論争や人々をキリスト者として獲得する試みが内容と構成に重々しい仕方で刻まれているのに対して、『世界史ハンドブック』の議論はむしろ広く網羅的な史料をもとに構成されている。以下のテクストは、グルントヴィがコロンブスの旅日記だけでなく、それについての彼の息子の詳しい解説も読んでいたことを示している。

　グルントヴィは『ハンドブック』を普遍史の三つの時期に、すなわち古代、中世、近代に区分している。その過程で彼は焦点を地中海から北欧へと移行させるが、その移行は、グルントヴィの捉え方によると、悪辣なローマ帝国の展開のせいで、間隙や一貫性の欠如によって特徴付けられる。その際1400年から1550年までの時期は、その［新大陸などの］偉大な発見や宗教改革とともに「新時代」への推移を画している。諸個人にいっそうの重要性が置かれるのだが、その展開は大きな危険を含んでいる。グルントヴィはその時期の個人の諸々の偉業にかなり熱狂しているが、彼らを集団から切り離すことには批判的である。

　このことはたしかにコロンブス[2]の問題である。グルントヴィは物語の最良の特質として、新世界発見の偉大さを語る。それは彼に、ルターによる精神的世界としてのキリスト教の（再）発見を思い起こさせる。しかしコロンブスは発見の後ただちに、彼が総督であることを主張し、アメリカの原住民をスペイン王の臣下にするが、これは不正義であった。というのは、このことで原住民は彼らの自由の権利と彼らの土地を失ったからである。彼らは土地を「所有していた」ということさえ、知らなかった。そうしたコロンブス

---

[2] クリストファー・コロンブス（Christopher Colombus,1451-1506）はジェノヴァに生まれ、スペインに移住し、スペイン王国のために航海した。

の自己中心的な権力行使は、神によって与えられたすべての民族、民衆の生得の権利に対するグルントヴィの信念にまったく反している。この帝国主義的征服は、まさしく神が制定した世界秩序を狂わせるものだったのである。

『世界史ハンドブック』より

　8月3日の夜明けにコロンブスは錨を揚げ、陽の出前にパロス[3]から船出した。だからこの観点でもまた、東インドと西インドの発見はまったく違った色合いを示すものである。というのは、我々は思い起こすのだが、ガマ[4]は歌や音響を背景に船に乗り込み、多くの群衆が、誰も見たことはないが、みなその存在は知っていて、それを夢見ていた不思議の国への航海での彼の幸運を祈った。

　しかしコロンブスは黎明とともに、群衆に気づかれず、自惚れた笑みを浮かべて船出した。(…)

　我々は彼の大洋を渡る最初の航海（1942年8月3日から10月12日までとそれ以後）についての提督［コロンブス］の日記の詳しい抜粋を保持している。だが、コロンブスの日記は、ドイツの哲学者たちが彼らの思想について記した日記とまさに同じである。つまり、ほとんどの記述事項が皮相なのだ。というのもそれらの記述は日常的なことがらを扱い、ほかの記述事項はただ［航海関係者と］同じような心の持ち主にとって記録に価するだけで、その他の人々すべてにはむしろ退屈な代物だからである。だが、思想が真に偉大なものを導いた人によってその日記がつけられるなら、簡略化されていないものを読むことは歴史作家にとってはつねに読むに価し、印刷するに価するであろう。(…)

　幸運にも、彼の息子が父親の生活を記述する際、当然の理由として父の日記を用いたのだが、それは通常よりも大きな効果があった。だから我々は、羅針盤の誤りや星々の変化、絶えざる逆風が彼らを自ずといらだたせ、最後

3　ポルトガル国境に近い南スペインの小都市。
4　ヴァスコ・ダ・ガマ（Vasco da Gama,1469-1524）は南アフリカの喜望峰経由でインドへの航路を発見したポルトガル人。

にはそれが高じて乗組員たちは公然と共謀し、どうしたら自分たちの命を救えるか相談したりしていたことを知っている。全員が合意したことは、彼らは名誉欲を満たしたのだから、今こそは（遅すぎはしないので）少なくなった食料の蓄えを完全に食べ尽くす前に向きを変え、当てにできない船はマストやロープごと沈めてしまう時だということだった。問題はただ提督にどう対応するかであった。(…) この時期になると、ましな助言も犠牲を伴うものとなった。つまり、ただひとつ明らかなことは、提督が妥協しないだろうから、彼らが提督を船外に放り出して問題を解決すべきだということだったのだが、これは幸運にも彼らのあいだで合意が得られなかった。(…)

　状況が好転したのは 11 月 8 日であった。航海者たちを束ねる責任者であることは喜びとなった。11 日から 12 日にかけての夜、ピンタ号から大きな叫びが上がった。提督がその夕方遅く輝くもの、おそらくは光が動いているのに気づいた後に、老練な船乗りロドリーゴ・ド・チアーナがはっきりと陸を見ることができたからである。

　想像のとおり、次の金曜の朝が待ち遠しさは、名状しがたいものだった。明け方に、彼らは大洋から浮かび上がる緑の森の美しい島を見た。海岸はしだいに裸の生き物で一杯になっているように見える。彼らは人間に似ており、船が滑らかに移動していく新世界に対する明らかな驚きを示すものであった。

　碇を降ろすとただちに、提督はいちばんいい服を着て、ピンソン兄弟といっしょに上陸した。ちなみにアロンソとヴィンセントのピンソン兄弟はそれぞれピンタ号とニーニャ号を駆って［スペインの］パロスから来ていた。彼らは緑十字の入った彼らの旗を立て、その島をサン・サルバドルにちなんで名付け、［スペイン王と女王の］フェルディナンドとイザベラの公式の所有地とした。彼らは［コロンブスが到達したと信じていた］インドの総督であり、海軍大将という国王および女王からの直接的主従関係の贈り物を貰うことをけっして忘れなかったのである。哀れ原住民は暇な観客のように傍らに立っていが、にもかかわらず忘れられていたわけでけっしてはない。というのは即位式では、独立農民の権利として赤いナイトキャップやガラスづくりの真珠が原住民に投げ与えられたからである。あたかもそうした権利が彼らにあ

ると認識する以前にはその権利はなかったかのように、である。(…)

　以上が、我々がコロンブスの生涯と、ペルーやメキシコの宝を含む新世界に対するスペインの占有と呼べる世界史である。その現実はむしろ幻想、すなわちアメリカに失われた楽園を見つけたと想像したクリストファーや、父親を慕い、「主」を抱えて小さな浅瀬ではなく、大海原を越えて渡った老人「聖クリストファー」とみなした息子フェルナンドの空想と同じだった。

歴史の連続講義

　小グループの学生の要望があって、グルントヴィは 1838 年の夏、コペンハーゲンのボルクの学寮で同時代史に関する連続講義を行った。それらは 1788 年の農民解放 50 周年を記念するものであった。グルントヴィはそのことを（5 歳以降の記憶から）思い起こせると考えていたのであり、したがって後にそれらの講義が出版される際のタイトルが『生ける記憶のなかで』（*Mands Minde*）となった。講義は 6 月 20 日から 11 月 26 日まで全部で 51 回続けられ、グルントヴィは毎週月曜と水曜、金曜の午後 8 時から 9 時まで話したのである。

　その連続講義はたいへん多くの聴衆を集め、グルントヴィが人気を得るきっかけとなった。学生や文化関係者、普通の市民が、彼が講義した大学の講壇の周りに詰めかけた。それらの講義録はすべて保存された。グルントヴィの習慣であったが、彼は詳しい講義メモを用意したが、しかし、その時代の牧師たちが彼らの説教を書きとめ、それらのメモをさほど見ずに説教したのとちょうど同じように講義を行った。グルントヴィの死後 5 年を経て、彼の息子のスヴェンが残されていた草稿をもとに講義録を編集し、出版した。我々にはグルントヴィが自身の草稿をどれほど正確になぞったかはわからない。だが彼は明らかに聴衆との相互作用を意識していた。50 年の歳月を画することだけが彼に自身の同時代史の経験を引き出す余地を与え、それが連続講義に特別な臨場感を添えたのである。

　我々が見てきたように、それらの講義は過去が現在の活動と将来の計画のために再び生かされなければならないというグルントヴィの確固とした信念を反映していた。以下の抜粋で彼は諸々の史料の価値を貶める仕方で語るこ

とはないが、しかしむしろ口頭の講義が諸々の出来事に形式や方向性を与える特徴に集中するよう聴衆に促したことがわかる。

『生ける記憶のなかで』（1838年10月19日、第35講）より
　紳士の皆さん[5]。歴史が、かつて主要民族[6]にとって何であったか、特にこの北方の我々の祖先にとって何であったか、そのことを［私は］少なくとも我が国において再見するでしょう。もはやペンが紙の上を這って進むようにではありません。むしろ大きな鳥が翼を広げ誇らしく諸々の時代を飛びこえ、鷹の目をして諸々の偉大な出来事を見抜き、その出来事だけに立ち寄るでしょう。誤解しないでください。私自身は、通常は本の虫でして、生来の作家ではありますが、私が深く確信しておりますのは、世代から世代にわたる人類の経験はあ・ま・り詳細には書き下すことができないということであります。
　というのも、この経・験に対する地道な研究、歴史の徹底研究によってこそ、人間性がその深い豊かさと、その生の発展のすべての方向性において、徐々に光を当てられるようになるからです。我々人類は我・々・自・身・について学ぶのです。経験が我々に教えるのは、偉大な出来事でも小さな出来事でも全体的なものに光を投げかけるのは、初見ではしばしば取るに足らない巡りあわせによってです。だから私は書物の芸術一般を過小評価できない、特に歴史書を過小評価できません。その際、可能な限りで信頼に価する説明と不正確な風評とが仕分けされ、偉大な出来事とそれに続く諸々の出来事を啓蒙するのに役立ちうるものすべてが入念に収集され、賢明な仕方で結合されるのです。
　しかしながら、いつの時代にも彼らを作品に駆り立てる書物の研究を喜び

5　当初の講義の聴衆は男性だけだったが、1843年から44年の「ブラーギ・スナック」（ブラーギのお喋り）というタイトルでの継続講義には女性の参加も認められた。

6　グルントヴィにとって世界史に画期をもたらした主要な諸民族があった。古代ではヘブライ人（ユダヤ人）、ギリシア人、ローマ人であり、中世からグルントヴィの時代までは英国人、ドイツ人、北欧人であった。ローマ人は概して悪党とされたが、英国人、北欧人にはかなり英雄的地位が与えられた。キリスト教会は多くの諸民属に四散した一つの民族（人類）とみなされた。

もし、成功のために必要な能力やチャンスをもってもいるわずかな人々がいるように、わずかにすぎませんがつねに歴史の読者がいます。というのも、自分のやり方で書物に綴ることができ、辛いことがあっても我慢できることと、有益さや楽しさを導くのに必要な喜びや容易さを感じつつ読むことができることとは、まったく異なっているからです。最終的に、学者だけが問題にすることについて、口頭の語りによって心地よさが呼び覚まされ労苦が軽減されることがないとすれば、軽やかに瑣末なことがらにわたって展開し、全体を生きいきと一人の偉大な人格[7]に結びつける歴史書は、ほとんど誰にも読まれないか、まったく読まれないでしょう。

　経験が教えるように、そうした口承の物語、そうした話はいつでも大人も子どもも楽しむことができます。もちろんそのような講義の有益さと楽しみは、人の性格のように様々に異なるものです。しかし一般に講義は、我々すべてが共有する人間性のより高貴な思想を表現します。すなわち、人間性が提供する巨大な諸力の思想や諸々の不思議な転換の思想、ユニークで短いが活発な生が生み出すことのできる偉大な作品の思想、そしてこうした栄えある仕方で備えられた自然の本質である高い起源と偉大なる目標の思想を表現します。

　一言でいえば、私は英雄たちを思い起こさせる歴史の生動性について話しています。歴史、それは見開いた目の前に、諸々の過去の偉大な仕事をすえ、それが我々の壮麗で不死で、神的な人間性を生き返らせる思想を空虚な幻想としてではなく、それ自身を証明する真の実在としてすえます。こうして偉大な人間性の物語が世代から世代へと伝達され、老人たちを能弁にし、若者たちの耳を開かせる限り、我々はあらゆる人々に永遠に我々人類の神々との絆や我々の不死への召命の不動の信念を見つけるでしょう。

　ですが、物語が沈黙し、あるいはより酷いことですが、冷たくなり、死んだものになると人々は概して塵に沈み込みます。彼らは我々を地上的なものや刹那的なものを越えて高揚させるすべてのものを忘れ、あるいは疑い、したがってさまよい歩きます。つまり、この世界じゅうを引っ張りまわされ、

---

[7] すなわち講師のこと。

死が事実上生よりもいっそうよいことを発見します。というのも、生について彼らが唯一知っていることはその危険であり辛苦であって、生の天の光でも、諸々の栄えある無限の眺望でもないからなのです。

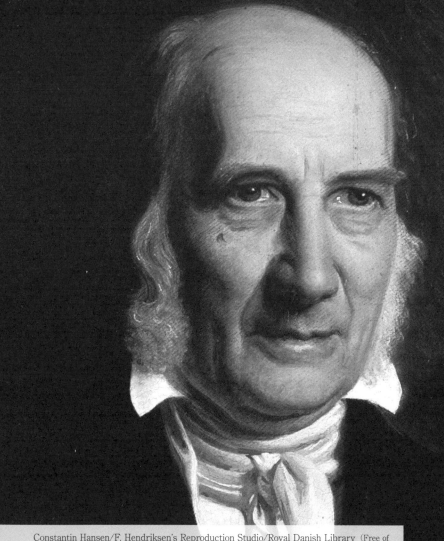

Constantin Hansen/F. Hendriksen's Reproduction Studio/Royal Danish Library (Free of copyright due to the expiration of copyrights 70 years after the artist's death)

コンスタンティン・ハンセン画（1847年・鏡のイメージ）から、F.ヘンリクセン複製画工房より。

第 5 章　教育者

「太陽の輝きが、漆黒の土に贈り物を届けるように、
真の啓蒙は土の縁者たちに贈り物をする
それは赤らかな黄金よりはるかに貴重だ
それは彼らの神であり、贈り物は自分自身を知ることだ
闇の脅威にもかかわらず光線の腕に抱かれれば
光と暖かさによってその幸運は明らか」

　　　　　　　　　　　（1856 年 7 月 15 日、ショルテの学校開校式にて、5 - Ⅰ）

グルントヴィはしばしば、彼自身が幼少期に多くの方法でされてきた、啓蒙主義による理性の育成を非難した。彼は、その生涯を通じて、歴史の進歩に対する楽観的な信念を持ち続けた。そしてその発展のためには、民衆の教育が重要な役割を担っていた。

　彼の夢は、低学歴の人々、特に地方に住む人々も含めた、社会のすべての人々が責任ある市民として、デンマーク社会での生活に参加できるようになることであった。この夢から、すべての民衆を徐々に教育する場であるフォルケホイスコーレの構想が生まれた。

　ただし、彼が想像していたのは子どもたちのための学校ではなかった。実際、当時の学校の質の低さから、彼はしばしば、子どもたちが学校に通うべきなのかどうか疑問に感じていた。グルントヴィ自身ホームスクーリングで育ち、自身の子どもたちも順番に自分で教えていた。

　子どもたちは自由に質問し、想像力を働かせるべきであり、ラテン語やギリシャ語の丸暗記の勉強に屈してはならない、と彼は主張した。想像力や感受性も、理性と同じくらい重要である。古典および近代教育、科学の大きな過ちは、理性に完全に偏っていたことである。教育は人間の好奇心や創造力を妨げるものであってはならず、子どもたちの学ぶ意欲を高め、そうすることがなぜ大切なのかを理解させるものであるべきだと考えていた。

　この役回りは、親がもっとも適任であるとグルントヴィは信じていた。彼はまた、子どもたちのニーズに基づいた教育を行うフリースクールの提唱者でもあった。その後、フリースクールは発展し、家族全員と友人の子どもたちにカリキュラムを提供するようになった。

---

column **グルントヴィの時代までの教育の発展**

　教育における意欲、自由、自発性に関するグルントヴィの構想は、彼の時代の教育の動向に触発され、同時にその動向に批判的であった。16世紀の宗教改革以降、教育は、教会の教えと結びつき、国の将来の保証としてのルター派キリスト教信仰に与する王国を支えるという願いと密接に結びついていた。それゆえ、教育は、聖書とルター派教会の

教えを子どもたちに教えるものとされ、村の学校でもラテン語の高校でも暗記学習が中心であった。

しかし、18世紀になると、ジョン・ロック（1632-1704）、ジャン=ジャック・ルソー（1712-1778）そしてヨハン・ハインリッヒ・ペスタロッチ（1746-1827）のような敬虔主義と啓蒙主義の思想家の影響を受け、個人や子ども期の重要性に焦点をあてた新しい教育方法が生み出されるようになった。同様に重要なこととして、自分の国と言語への愛を育む必要性があった。

1730年から1780年のあいだに、デンマークの地方にある学校の数は2倍以上に増加した。農村の子どもたちを教育するための立法措置がとられ、1814年の普通学校法により、7歳から14歳までのすべての子どもたちを対象とした義務教育が導入された。この分野において、デンマークは国際的なパイオニアであった。体罰は減少し（禁止されたのは1967年だが）、作文や算数が読書や体育と並置された。国は、子どもたちがデンマークの歴史と地理に関する知識を深めるための本を購入するよう各学校に指導しはじめた。一方で、デンマーク語は、徐々に学者の用いるラテン語や貴族の用いるドイツ語に置き換わっていった。

グルントヴィは、フォルケホイスコーレで学ぶ対象として、主に若者と成人層を想定していた。彼は、何度か、国費で運営される学校をソーアに設立することを提案したが、そのような学校の実際の運営について詳しく述べることには躊躇した。彼は、学生たちがデンマーク国家への社会的な気づきをえることができるよう、社会のニーズとともに有機的に成長すべきであると信じていたことがわかる。グルントヴィは、学生たちは、社会のなかで実践的に作用し、人間として何が求められているかを発見できることを意味する、「生のための教育」を受けるべきだと考えていた。

「デンマークのフォルケホイスコーレの組織については、すべての生きた人間のあり方によるため、詳しく説明することはできない。その頭に合う帽子を見つける前に、まず（フォルケホイスコーレが）生まれなければならない」

（『生のための学校とソーアのアカデミー』1838年、5-Ⅱ）

　しかし、グルントヴィは、現代社会において何が必要かについて彼の心の内を話すことが重要であると信じていた。デンマークにおいて、それは政治的、文化的な再武装を意味していた。特に、ドイツとの第一次スレースヴィ戦争（1848-51）の後、デンマークは自国のアイデンティティを強固なものにする必要があった。この目標はフォルケホイスコーレに課された課題に違いなかった。それは、民衆の歴史から、民衆として団結する一連の思想を育むことであった。この「デンマークらしさ」は、外国による支配下では育むことができなかった。

　このようにして、彼のフォルケホイスコーレの構想はより具体的に形づくられていった。デンマーク語と北欧神話を含むデンマーク文学、デンマーク民謡、デンマーク憲法や法律、デンマークの歴史や地理、自然科学と世界史などを教えることである。

　グルントヴィはさらに、北欧の中核的な拠点として、ヨーテボリに巨大な北欧の大学を設立することを提案した。

　グルントヴィの学校プログラムの背後には、国の統治における、独立した声をもつ民衆の存在という彼の政治的理想が見える。彼の青年期は絶対王政下にあり、中年期には地方議会ができた。そして1849年にグルントヴィはデンマークの民主憲法を制定した憲法制定委員会のメンバーであった。このような発展には、言論の自由と、時の政府に対して民衆の意思を表明できる、成熟して啓蒙された民衆が必要であった。

　成熟した民衆を確保することが、フォルケホイスコーレ、いや、すべての教育の最重要課題であった。

牧師であるにもかかわらず、年月を重ねるにつれて、グルントヴィはキリスト教の教育は学校でもフォルケホイスコーレでもなく、教会に委ねたままにすることが最善であると確信するようになった。キリスト教の歴史的な重要性は教えられるべきだが、その教義や典礼は教えられるべきではない。彼は、思想と経験の自由な交換が妨げられることを恐れ、この自由を優先させた。宗教的信念によって、何が議論されるべきかをあらかじめ決定すべきでない。いかなる種類の強制も、偽善と偽りにつながるだけであると彼は信じていた。

> 「もちろん、『口を使うことに始まり口を使うことに終わる』と言うことは簡単である。なぜなら、それはこの地上で精神がもつ唯一の生きた道具であり、我々が人々と共有できるものは、口の中に含まれ、自発的にほかの人々へと伝達されるものだけだからである。ことばが、年老いた者と若者、また若者同士の対話となる限り教育は成功するのである、ということも同様に簡単である」
> 　　　　（『ソーアにおけるデンマーク語ホイスコーレの要請と概念』1840年、5-Ⅲ）

　もうひとつ、彼の教育方針では、文字よりも口承を重視した。話される、対話の中の生きたことばの方が教育には有効である。なぜなら、この身体性もまた、他者との魂の出会いを促すためである。最高の動機付けは、講義よりもむしろ対話である。教師と学生のあいだの「生きた相互作用」は彼の教育のモットーであった。彼に影響を与えたのは、イギリスの大学を訪れ、学生同士が教え合うベル＝ランカスター法の知識を得た経験である。
　グルントヴィは、ソーアで思い描いた夢の実現を見ることはなかったが、彼の教育に対する考えは、デンマーク、特にフォルケホイスコーレに深い足跡を残した。

> *column* 試験がない学校！
> 　グルントヴィは、フォルケホイスコーレでは試験をすべきではないと考えていた。試験が生徒にプレッシャーを与え、対話を制限するためである。自由な対話とは対照的に、試験は無意味な尋問である。教師は学生よりも答えをよく知っているのに、なぜ教師が質問をする必要があるのか？もし誰かが試験を受けるとしたら、それは教師であるべきである！この理想は、後に多くのフォルケホイスコーレの基本となった。とはいえ、これまでにも議論や批判はあり、第10章にみられるように、デンマーク国外のすべての学校がこの方式を取り入れたわけではない。

　1844年に最初のフォルケホイスコーレがレディングで開校した。現在（2019）デンマークに存在する70校のひとつである。今日、各学校が彼の考えを追求するかどうかにかかわらず、対話と相互作用を支持する彼の影響は、特に教職員と学生が交流する寄宿学校のアイディアや、多くの課外活動など、いたるところに見られる。そのほかにもグルントヴィの影響の例としては、言語や文学、神話や歴史に重点を置いたり、あらゆる種類の歌を歌ったりする点に見られる。過去25年間で100万部を売り上げた『フォルケホイスコーレ歌集』には、合計572曲のうちグルントヴィが作った讃美歌と歌が94曲載っている。

　グルントヴィの教育思想は、デンマークの包括的な教育制度にも深く浸透している。「生の教育」が成熟した市民に不可欠とし、すべての教員研修で、「生の教育」科目を必修科目として学ぶ。民衆教育の領域は、間違いなく、グルントヴィがデンマーク国外で大きな意義を持っていた領域である。特に陶冶（dannelse）とエンパワーメントの考えは、現代の民主主義社会に独自のものとして、世界的に見てきわめて重要である。

人生の目としての光

　グルントヴィは1839年に、『啓蒙(「綴りの正誤は光か？」)』をデンマーク協会(det Danske Samfund)の発足のために書いた。この協会は「デンマークらしさ」を強化し、対話と歌をとおしてデンマーク語とデンマーク社会一般に貢献するために、彼が設立した討論協会である。デンマーク協会は毎週会合を持ち、当時としては珍しく会員を公募していた。会合で話したい人はそうすることを奨励されたが、実際は、グルントヴィが講演を行うことが多く、講演後に聴衆と対話をすることもあまりなかった。

　デンマーク語で「啓蒙」を意味する言葉は、「oplysning」である。文字通りこれは、「光を当てる」を意味するが、比喩的に「教育」、「照明」、「情報」とも訳すことができる。グルントヴィは、これらの意味のすべてを彼の国の

Joakim Skovgaard/Viggo Pedersen/Gyldendals Billedarkiv（Public Domain）
フォルケホイスコーレでは生き生きとした会話と対話が不可欠であった。ヨアキム・スコヴゴーが描いた絵では、1888年にヴァレキレ・ホイスコーレでエルンスト・トリアーが若者たちに話しかけている（フレデリクスボーの国立歴史核物館所蔵）。

Hubertus45/Wikimedia Commens (CC BY-SA 3.0, Public Domain: Permission is granted to copy, distribute and/or modify this document under the terms of the GNU Free Documentation License; with no Invariant Sections, no Front-Cover Texts, and no Back-Cover Texts)

レデイン・ホイスコーレ。1844年に設立されたデンマーク初のフォルケホイスコーレ。

ために、すなわち学者と同様に、農民のために求めていた。それは、人が真実を見る「人生の目」であった。

綴りの正誤は光か
 1. 光は学者たちのためにだけあるのか
    綴りの正しさや誤りのためにあるのか
    いや、天はさまざまな点からよいものだ
    光は天の恵みなのだ
    太陽は農民とともに起きて昇る
    学者たちとともにではない
    太陽はつま先から頭のてっぺんまで最良に照らす
    外で働く者をいちばんに

 2. 光は惑星にだけあるのか
    見たり話したりできない惑星に

言葉は我等の口によるのではないのか
　　　光は万人の魂のためにあるのだ
　　　それは我等に精神のヴィジョンを与える
　　　太陽の輝きが身体に注がれるように
　　　光は魂に煌めくように射し込む
　　　彼方に浮かぶ雲から降り下って

3．光は単にある種の条件によって
　　　こうも中途半端に昇るのか
　　　いずこもよい状況ではない
　　　光は人生の目ではないのか
　　　その誤用によってはおそらく
　　　精神という天上のアーチに
　　　我等は最たる闇を見るだろう
　　　太陽の輝く炎ではなくして

4．いや、北方では問われるはずがない
　　　我等が光を覆い隠すことなど
　　　自由な民の言葉に込められた北方の光として
　　　光は天上に播種されて煌く
　　　光が北方の辺境に見られるなら
　　　ただ身体の国にだけではないはずだ
　　　真夏に燦々と輝く太陽が
　　　漆黒の夜に出番を与えないだろうから

5．啓蒙は我等の悦びのためにあるはずだ
　　　ほんの些細なものにすぎなくても
　　　終始一貫民の声とともにあるはずだ
　　　生をめぐる啓蒙であるはずだ
　　　それは民の行為に発し

第5章　教育者

揺りかごに揺られるように成長し
我等の民の評議に輝くだろう
夜の星明かりが消えるまで

我々は皆、教養ある有用な市民になることができなければならない
　『生のための学校とソーアのアカデミー』は、1838年に、翌年にクリスチャン8世として王位を継承した、当時の皇太子の要請に応じて書かれた。抜粋によると、グルントヴィは、暗記と試験での吐き出しを行う、当時の死ぬほど退屈なグラマー・スクールに対抗して、彼が想像する新しい学校の形を「生のための学校」と呼んだ。
　彼は、社会全体のニーズに応える学校、すべての社会の基盤である国民全員のための学校を望んでいる。そのような学校に通うことで、誰もが恩恵を受けることができるだろう。もちろん、すべての人が学者になる必要はない。おそらく、現在、昔ながらのグラマー・スクールに通っている人々は、ほかの人々よりもフォルケホイスコーレを必要としているのではないだろうか。

生のための学校とソーアのアカデミー
　まず、私が「生のための学校」について理解していることについて、できるだけ明確に述べたいと思う。というのも、このような教育機関に対して、大多数の人々はまったく曖昧なあるいは誤った認識を持っていることに気づいたためである。今のところこの学校は、残念ながら紙の上のアイディアとしてのみ存在している。
　その結果、書物を用いる実験室であると常に信じられている。そこではルールが定められ、それにしたがって生を修正し、改善し、実際、完全に創り直されねばならないと考えられている。もちろん、その出発点は、（生の）解体であり、つまり死なのである。生は生きることに先立って解明されなければならず、学者の頭にしたがって創り直せるし、そうすべきだというこの典型的なドイツ的発想は、この発想にもとづくすべての学校を死と解体の作業

場に変えてしまうだけで、そこでは生を犠牲にした本の虫たちだけが生き永らえる。私はこうした発想を完全に拒否する。

　もし学校が本当に生に恵みをもたらす教育機関となるためには、第一に、学校は教育や学校自体を目的としてはならないと私は主張する。生の関心を、学校の目的としなくてはならない。第二に、学校は、生をありのままに受け止め、生を照らし、生を有用にするものを促すようにのみ努めなければならない。

　どんな学校も、我々の内に新たな生を生み出すことはできない。したがって、学校は古い生を壊してはならないし、もし我々がそれを手に入れたとしても、別のよりよい生活が結果として得られると思われるような諸規則を開発することに時間を費やしてはならない。

　ところで、人間の生は、その複雑さゆえに、宗教的生、市民的生、学問的生の三種類に分類することができる。それゆえにまた、これらの三種類の生に対応した学校が考えられる。すなわち、教会学校、フォルケホイスコーレ、そしてアカデミックな学校である。もちろん、これらの学校は、対応する社会の生と同じ多様性を持っていなければならない。しかし、ロスキレとヴィボーでは、フォルケホイスコーレだけが欠けていると言われたので、ここではこの学校について述べることにする。それは、我々全員が区別されず、ともにできる唯一の学校である。

　我々は皆、教養ある有能な市民、デンマーク市民になることができるし、ならなければならないが、教授や学者になれるのはごくわずかな人々だけである。

　そして、教会学校が、宗教的・キリスト教的生を、その生が欠如した場に創造できないとするなら、教会が十分にあるのと同様に、教会学校も十分にあると結論付けなければならない。生が存在しないところには、その啓蒙はまったく余計なものだからである。最後に、聖職者や教授を教育するためのアカデミックな施設は、少なすぎるというより多すぎ、小さすぎるというよりは大きすぎる。一方で、デンマーク市民を育成する施設はまったくないの

第5章　教育者　　111

である。たとえ、我々のすべての教育機関が立派で適切であったとしても、我々全員が参加し、すべての努力の自然な根源とみなすべき国民的、社会的生活のための高等学校を欠く限り、まったく不十分なものとなってしまうだろう。もし我々の社会生活が軽視され看過されるなら、ほかのすべての教育は、それ自体、国民にとって死を招き、デンマーク王国にとって有害なのである。

(…)

　それゆえ、仮に「デンマーク王立ホイスコーレ」が、王国全体のほかの人々にとって必ずしも必要でないとしても、それでも、生まれも育ちもラテン語派の人々には当面のあいだ絶対に必要であろう。彼らが我々の利益のために公職の任務を果たす場合、彼らはデンマーク語で考え、話さなければならないし、私たちの祖国とその憲法に誰よりもよく親しみ、それを愛さなければならない。
　しかし、ホイスコーレで、デンマーク語しか話せないが、経験によって祖国の大なり小なりの地域や国民生活、社会生活をどんな本にも書かれていないほどよく知っている同世代の学生たちとの、生き生きとした仕方での触れ合いや相互作用の経験をすることなしでは、これを実現することはできない。

　さらに、将来の官吏たちは、母語で、そのような生きた仕方の教育、つまり民衆や国を生きた仕方で熟知することが大いに必要だろう。将来そうなることを望んでいるが、デンマークの生活様式にけっして敵対的でなく、できる限り親しみを持ってそれに関する初等教育を受ける場合でさえ、母語による生き生きとした教育が必要であり、民衆や国を生きた仕方で熟知することが大いに必要だろう。というのも、私が心から期待し真摯に希望するのだが、北欧ではラテン語文章家や古典的思想家、ローマの演説家たちが官吏として拒絶されるようになったとしても、聖職者に対しては原語の聖書の初歩的な知識が求められ、裁判官には法律や政令への知識が求められるのであり、その準備のために、ある程度の書物での学習が求められる。このような教育を、

若年層に対して熱心に行うと、ある種の自尊心、よそよそしさ、頑固さ、博学ぶった態度、優柔の利かなさを常にもたらし、フォルケホイスコーレでの相互作用を必要とすることになってしまうだろう。

　もし、デンマーク王国の官吏すべてがそうである場合、彼らは熟練し、真に役立つためには、君主に忠実であるのと同じように、民衆の奉仕者でなければならない。さらに、より高位の聖職的官吏や世俗的官吏のための、ふさわしい準備をしようとするすべての人々にとって、それは、通常の基本的な行動規範に大きな影響を与えるに違いない！　彼らが暮らしている国と民衆についての生きた知識と、過去と将来のあり方についてできるだけ明確な見通しをもつことが、どれほど絶対不可欠なことであろうか！

喜びの学校
　前述のように、グルントヴィは、ソーアにフォルケホイスコーレを開校するという夢を実現することはなかったが、1856年11月3日にコペンハーゲン近郊に自分の学校を開校した。二番目の妻マリエ・トフトにちなんで「マリエリュスト（マリエの喜び）」と名付けた。学校設立の資金は、1853年の彼の70歳の誕生日祝いで友人たちから贈られたものである。グルントヴィが学校を訪れて講義を行ったのは時折であったが、学期の初めと終わりには必ず出席していた。

　下記の講演の抜粋では、教育の動機付けとしての「喜び」と好奇心の重要性を論じている。グルントヴィは、演説を通じて、学習における学生の喜びと対比して、強制的な教育を批判している。つまり、自由な出席、自由な質疑、自由に母語と祖国の歴史を学ぶことから多くの喜びを引き出すことができるということである。これは社会にとっては端的に有益なことである。

マリエリュスト・ホイスコーレでの演説
　　　　　　　　　　　　　1857年12月7日の冬期学校開講の辞
「自発性が仕事を楽にする（進める）」というのは、古くからの真実のこと

わざである。そして学校ほどそのことがはっきりとわかるところはない。最悪の教師でさえ、これが真実であることを知っている。そのため、もし子どもたちが自分の手で何も学ばなければ、教師たちは、子どもたちが怠け者で、何も学びたくないと考えており、子どもたち自身のせいだといつも言う。しかし、ほとんどの教師は、子どもたちが髪をつかまれ引きずられたり、学校に無理やり行かされたりすることを望み、もし欠席した場合に親に罰金を払うよう求めている。彼らは、ただ出席するかどうかを気にしており、子どもたちが何かを学ぶか何も学ばないかにはほとんど関心がない！

しかし、強制的な教会や学校への出席は、子どもたちが何かを学ぶかどうかにかかわらず、有益どころか、損失を与える大きな災いである。食べ物や飲み物と同じように、強制的に喉に流し込まれた知識や学習は、吐き気をもよおし、できるだけ早く吐き出したい欲求を生み出すからである。

しかし、これはほとんどの教師が教育の美徳と信じているものであり、毎日の暗記学習に従い、年に二回試験を行う理由である。それゆえ、子どもたちは押し付けられたものをすべて吐き出し、かわりに教師に彼らの苛立ちをぶつける。しかし、結果として、貧しい子どもたちは苦しむだけで、すぐに学校の匂いのするものすべてに対して強い嫌悪感を抱くようになり、たとえ彼らが何かよいものを学ぶことができたとしても、ほとんど出席しようとはしなくなるのである。

だからこそ、私は長年、貧しい子どもたちが学校に行きたくなければ、学校をさぼることを許されるように、できる限り話し、書いてきたのである。そうすることで、子どもたちは何も失わないし、教師には、子どもたちが通いたくなる学校づくりのためのよい後押しになると確信していたからだ。それは、私が高齢になってから、この小さな学校をはじめた理由である。この学校では、希望しない者は誰も出席しなくていい。そして、我々が持っているものを与えるが、それを強制して彼らが病んでしまうようにはしない。彼らが我々を離れる前に得たものを、彼らが地上でのすべての日々を楽しむこ

とができるよう持ち続けるよう求める。
　我々がはじめたのは、小さな子どもたちのための学校ではなく、大人のためのホイスコーレとでも言うべきものである。しかし、我々は、その大人たちに、彼らが子どもだった時に実際は学校で学ぶべきだったことについて、当時は聞かなかったからということで、多くのことを伝えなくてはならない。またすべての人々が理解したいと望むまでは理解できず、理解のために成熟している必要があるが、それ以前には学ぶことのできないたくさんのことがある。というのは、もし我々が人々に彼らが学びたいと望むもののなかから学ぶようにすべきなら、彼らの年齢や能力に応じて指導しなければならないからである。また彼らが必要とする以上に与えてはならない。そうすれば、彼らは自然と口を開き、質問するだろう。主［イエス］が弟子たちにされたのは、このようなことだと聞いたからである。主［イエス］は、すべてを知っているのに、弟子たちが耐えられるだけのものを与え、それ以上は与えなかったのである。（…）
　これまで、すべての学校において、主な目的は、読み、書き、算数を教えることであった。そのため、子どもの読み、子どもの書き、子どもの算数を、その年齢で期待される意欲、彼らが成長した時に実生活で期待される用途や楽しみと関連付けて奨励することはなかった。読み、書き、算数は、子どもたちの意欲や、後の人生で期待されるこれらの科目の使用についてはまったく考慮されず、その代わり、可能な限りそれ自身のために教えられてきた。

　このように、死んだ読書、生気のない文章、空虚な計算、つまり、ただそれ自身のために学ぶという基礎の上に、本の知識の大小のバベルの塔が、村の学校、市民の学校、アカデミックな学校、大学を問わず築かれてきたのである。児童たちはまず母語で、さらに外国語で、より多くの本を暗記しながら学ばなければならなかった。多ければ多いほどよかったのだ！

　これらの本の知識が、彼らの人生に利益をもたらすのか、それとも損害をもたらすのか、弱体化や誘惑につながるのか、強化や啓発につながるのか、誰も疑問を持たなかったのである。そのため、この国の最高の学者や教師、

そして彼らの愛する弟子たちは、一般的に、世のなかで暮らしている本当の人間の生活について無知となり、それらを、低俗で混乱していて、絶対に必要なもの以上に扱うことは彼らの尊厳に反するものとして軽蔑したのだ。

それが狂気であることは、少し注意を払えば誰の目にも明らかである。それゆえ、取り返しのつかないダメージを与えるのではなく、我々の学校に子どもたちや若者たちが意欲を持って訪問するようになるには、状況が変化しなければならない。というのは、この狂気のダメージが起こるのは、学校での目覚めとともに養われず、啓蒙への意欲が弱められる時だからである。しっかり学び遂げれば教師と変わらないほどになる子弟たちだが、人生について啓蒙され教育されることがなければ、空虚な本の知識で頭がいっぱいになってしまうのである。

しかし、個々のことがらについてはまだ多くの疑問が残っているが、一般的には、自由な意志で学校に通っている若者たちは、自分自身と周囲の人々のために、人間の生活についての真の啓蒙を望んでいると考えることができるし、そうでなければならない。彼らの母語や、目には見えないが身近なもの全般についての教育は、けっして無駄にはならず、彼らがそれを理解し適用する能力や勤勉さの程度には役立つだろう。

そのため、我々の学校では特に、若者たちがその目で見て、主［イエス］が彼らに与えた知性を働かせ、母語で考え、話し、先祖が行い、考え、言い、歌った注目すべきことについての知識を身に付けるよう訓練している。これはすべてのデンマーク人にとって有益なことであり、実際、日常の職業や市民的立場が何であろうと、それなしにはありえないことである。

そのため、我々の努力と時間が許す限り、若者たちに祖国のもっとも美しく驚くべき地域や、きわめて重要な職業や工芸品などについて本当の考えを伝えることができれば、我々自身と若者たちは、日々の暮らしのためだけでなく、祖国を愛するようになるだろう。

C. A. Jensen/Den Hirschsprungske Samling/Wikimedia Commens (Free of copyrights due to the expiration of copyrights 70 years after the artist's death. According to Wikimedia Commens' practice, the same goes for a faithful two-dimensional photographic reproduction)

第6章　讃美歌作家

「神よ、歌声を与えたまえ。
されば御旨にかなう歌が湧き出る。
されば歌の喜びに心が震える。
主の御名をたたえよ」

(『北欧教会タイムス』1832年、6-Ⅰ)

讃美歌、歌、詩など多様な作品を創作したグルントヴィは、デンマークの言語文化に大きな影響を与えた。しばしば、デンマーク人はこのことに気づいていない。例えば、人々はデンマークについて語る時、「金持ちすぎる人はほとんどおらず、貧しすぎる人はさらに少ない」という言い回しを引用する。デンマークの発達した社会福祉制度を説明する際によく引用されるものの、これが、もともとは出エジプト記16章16節から18節に出てくる、砂漠のパンの寓話であることはほとんど意識されない。「イスラエルの人々はそのようにした。ある者は多く集め、ある者は少なく集めた。しかし、オメル升でそれを量ってみると、多く集めた者も余ることなく、少なく集めた者も足りないことなく、それぞれが必要な分を集めた」。

　グルントヴィのデンマークに対するもっとも大きな影響は、おそらく、讃美歌作家として与えたものである。今日でさえ、グルントヴィの作った讃美歌が歌われない礼拝はほとんどない。彼が制作した讃美歌は、およそ1600曲にのぼる。古い讃美歌や翻訳した讃美歌を含めると、現在使われているデンマークの讃美歌集（2002年版）に収められた791曲のうち、実に253曲がグルントヴィの手によるものである。

　1830年代終わり頃、グルントヴィは新しい讃美歌集、『デンマーク国教会のための讃美歌集』（*Sangværk til den danske Kirke*）の制作を、かなりの報酬とともに依頼された。讃美歌作家として、新しい曲を制作し、また多くの讃美歌を編纂することだけではなく、当時のデンマーク国教会に改革派として関わることも期待されての依頼だった。

　グルントヴィが作った讃美歌は、しばしば聖書の物語やキリスト教の信仰に加え、デンマークの田園風景と結びついている。緑の木立のなかでひばりが歌い、波が岸に打ち寄せ、葉が緑や茶色に染まるような風景が描かれる。グルントヴィは、なによりも季節感を重視していた。

---

column グルントヴィによる有名な讃美歌
・主を讃えよ、私の口よ、私の体よ
・神よ、歌声を与えたまえ

- ・翼を与えられた者はみな
- ・主の新しい時に招かれる
- ・そのとき荒野に花が咲き
- ・降誕節の鐘は鳴り響く
- ・神の天使たちを再び迎え
- ・ベツレヘムに生まれた御子は
- ・真夜中の空のごとく美しい
- ・讃えよ、平和をもたらす救い主
- ・イースターの花よ、なぜここに
- ・墓石に刻まれ黒い十字架を背負い
- ・太陽は今、輝けり
- ・おお、キリスト的であることよ、我ある国を知る（生きいきとした人々の国）
- ・喜び祝うこの良き日
- ・神の子羊
- ・世界に別れを告げる時
- ・幼き子よ　安らかに眠れ
- ・喜んで主に従いゆく
- ・森の木々が枯葉色に染まる
- ・黄金色の朝が来る

　これらの讃美歌の多くは、ほかの地域における伝統的なキリスト教の讃美歌の翻訳である。古デンマーク語やドイツ・ルター派の讃美歌に加えて、グルントヴィはイギリス国教会、カトリック、ギリシャ正教会の讃美歌を翻訳した。聖書が書かれる以前からキリスト教が存在したということを悟った、1825年の「比類ない発見」以降、グルントヴィはできる限りさまざまなルーツを遡り、自身の厳格な基準を満たすよう解釈し直した。驚くべきことに、グルントヴィは自分のことを「音痴」だと語っていた。しかし、彼が紡ぐ韻律とリズムは、ありきたりの慣用句のその先に人々を運んでいく力があった。

グルントヴィのキリスト教信仰は、聖なる魂としての神が、神聖なる賛美のうちに現れるというものであり、神の国は、神の存在に応答する会衆との対話によって、会衆賛美のなかに立ち現れるというものだった。賛美と感謝を表現する歌は、人間が創造され、永遠の命をえるという神の計画のうちにある。教会でその讃美歌を歌うという経験は、現代の人々にとっても、もっともグルントヴィの名に親しむ機会である。グルントヴィによる讃美歌のほとんどすべてが聖書の物語に言及している。グルントヴィは、聖書を、心で理解していた。三位一体の神は、グルントヴィに、人類の歴史における神の計画を解釈するための讃美歌作家としての予言的な贈り物を与えたのだといえる。

> **column 三位一体**
>
> 　グルントヴィは、キリスト教の神の教義を三位一体として、すなわち三つが一つであり、一つが三つであることを信じていた。この教義こそが、キリスト教をユダヤ教やイスラム教から分かつものである。それは、神は唯一の存在であるが、父なる神、御子イエス・キリスト、そして聖霊の三つとして現れるのだと述べた初代教会の指導者たちの解釈に由来する。父なる神は世界を創造した。御子は死に、再びよみがえった。そして聖霊は、神の教会で今なお生きている。グルントヴィの讃美歌の特徴は、地上における天国を反映したもので、神の贈り物としての生を、人々が生き永らえることをとおして、創造主を日々祝福している点にある。グルントヴィはとりわけ、ペンテコステの讃美歌をとおしてよく知られている。

　グルントヴィの想像のなかの自然の特徴は、地上の楽園、すなわち、我々の一日一日に、贈り物として、命を吹き込むように、神が日常をどのように祝福したかというイメージが反映されている。

「喜びとともに迎えよう　海から昇る　我々のこの良き日を
天の光が指し示す道　喜びと栄えが待ち望む
光の子ら　我々の中に浮かび　夜が明ける」
　　　　　　　（「デンマーク国教会伝道の千年記念祝会（祭）讃美歌」1826 年、6 - Ⅱ）

　この讃美歌での表現からもわかるように、グルントヴィの歌詞は、かなりシンプルな象徴言語を用いたデンマークの二人の偉大な讃美歌作家、トマス・キンゴ（Thomas Kingo, 1634-1703）とハンス・アドルフ・ブロアソン（Hans Adolf Brorson, 1694-1764）とはやや趣を異にしている。しばしば指摘されるのは、ほかの讃美歌作家たちは、賛美する会衆に直接的に訴えかけるのに対し、グルントヴィの讃美歌は、慰めや親しみの感覚に乏しいという点である。このように考えていた人の一人が、セーレン・キルケゴール（Søren Kierkegaard, 1813-1855）だった。彼はグルントヴィのことを、皮肉を込めて、「調子っぱずれのヨーデル歌手、あるいは半人前の鍛冶屋」と呼んだ。
　ただしグルントヴィは、神が、最も身近な場所に現れるという感覚を好んで表現した。グルントヴィの讃美歌では、神は平凡な人間の生の外に存在することはけっしてない。神は、今、ここにおられ、人間の生を理解し、それを豊かに祝福する。神自身がそれを経験してきたからである。御子もまた、弱き者、貧しき者に心を配り、希望と慰めをもたらした。だからこそ、グルントヴィは、讃美歌の歌詞を通し、神が貧者の侘びしい住まいを訪れ、悲嘆に暮れる人や家族を失った人に、求められればいつでも助けを与える様子を描いた。とりわけ、死の場面においては、復活の望みを与える様子を描いた。

「最期の時がきて横たわる
着慣れた服に身を包み
私の横に喜んで腰掛け
友のように話しかける
もうすぐ再会するのだと
すぐに悲しみも消え去るだろうと」

(「世界に別れを告げる時」1843年、6-Ⅲ)

　グルントヴィの讃美歌においては、地上の生活は、けっして、天国の生活から遠く離れたものではなかった。彼の讃美歌は死の世界や生の世界の暗い側面を覆い隠すこともないし、地上が惨めな中途半端な場だと見なすこともない。神の国は、そこここに、すでに立ち現れている——そのような考えは、クリスマス、イースター、ペンテコステの三つの讃美歌に見て取ることができる。

クリスマスと天使たち

　グルントヴィがクリスマスの讃美歌「神の天使たちを再び迎え」を作詞したのは、1824年のクリスマスイブの日で、翌日のクリスマス礼拝の日に説教壇で朗読したのではないかといわれている。当時、彼はデンマーク国教会との関係に思い悩んでいたが、讃美歌は、クリスマスの多幸感と慰めに満ちている。元になっているのは、ルカによる福音書2章13節から14節に出てくる天使の歌である。毎年、クリスマスが訪れるように、良き知らせを運ぶ天使たちも、侘びしい住まいにやってくる。イエスは貧しき者の友だった。天使たちの歌とともに、ベツレヘムの子どもたちの夢が立ち現れ、現実のものとなる——天国の門が大きく開かれ、神の国が近づいてくる。

神の天使たちを再び迎え

1. 神の天使たちを再び迎え
 天の高いところから降りてくる
 光り輝く美しい布をまとった姿が
 地上の影を揺らしている
 鳥に、そして深い霜に覆われた種に
 良き一年を約束する

2. また会いました、教会へ続く雪の道
 真夜中の冷気が肌を刺す
 あなた方天使たちが我等のクリスマスを見守り
 歌声を信じて耳を傾ける
 おお　開かれた扉を通り過ぎないで
 大きな心の痛みがやってくる

3. 小さな住まい、戸は低く
 貧しさが日に日に身にしみるけれども
 以前この家があなた方を迎えた日を[1]
 はっきりと思い起こす
 土のコップしかなかったとしても
 ケーキが乾いてしまっていたとしても
 あなた方は心から受け入れてくださると

4. 小さな青い目の子ら
 寝台やゆりかごから這い出てきて
 部屋の隅っこに隠れている
 まるで野原の花々のよう
 歌え　天使の歌声よ　一度耳にすれば

---

[1] 創世記18章；ルカによる福音書1章26節以下。

ひばりの声より甘く響く

5．安らかな子ら　ベツレヘムの夢を見る
　　かすかに見える　飼い葉桶
　　ここが御子の生まれた家
　　貧しき者の友として
　　クリスマスに遊ぶ夢を見て
　　天使の優しい歌を聴く

6．明け方そっと起き出して
　　まだ何時かわからない
　　今年もまたクリスマスの歌を聴く
　　はやる心、はやる思い
　　天国に響く、クリスマスの鐘の音
　　まちじゅうの教会、塔の上から鳴り響く

7．神の天使たちが降りてくる
　　天のはしご、讃美歌を口ずさみ [2]
　　願う人にみな、神は御子を遣わした
　　地には平和の翼を開き [3]
　　天国の門が大きく開かれ
　　神の国が近づいた

8．おお、我等は喜びの日を目にする
　　その命が終わる前 [4]
　　命を生み出す母のように
　　苦しみもやがて、癒やされる

2　創世記 28 章 12 節；ヨハネによる福音書 1 章 51 節。
3　ヨハネによる福音書 20 章 19 - 20 節。
4　ルカによる福音書 2 章 25 - 35 節。

天にまします主よ、どうか
クリスマスの悲しみが過ぎ去りますように

イースター：生の終わりに生はあるのか
　グルントヴィの長詩「イースターの百合」(1817) は、下記に引用した「イースターの花、あなたはなぜここに」(1857) という、讃美歌集に収められた短いバージョンの方がよく知られている。もともとは讃美歌ではなく、キリストの復活を間近に経験した者の台詞が含まれた、二部構成の劇詩だった。オリジナルの劇詩も、また讃美歌の歌詞も、香りもなく、美しくもない、当時、ただの雑草とみなされていた黄水仙を蔑む言葉から始まる。しかし、やがて我々は花が比喩的にこの世にやってきたキリストを表していること、二義的には、都会にやってきた田舎の少年だったグルントヴィ自身をほのめかしていることに気づく。讃美歌が進行するにつれ、疑う気持ちが薄まり、歴史的な出来事を目撃したことを知り、復活を信じ、神の信仰を受け入れる。以下の引用は、デンマーク讃美歌集（2002 年刊）のバージョンからのものであり、いくつかの段落については部分的に省略されている。

イースターの花、あなたはなぜここに
1．イースターの花、あなたはなぜここに
　　農夫の庭からやってきた
　　香りもなく、優美さや陽気さもない
　　誰がこの花を贈り物にしようなどと思うだろう？
　　誰があなたを選び、摘み取って
　　愛する胸に抱き寄せるだろう？
　　あなたを褒め称える歌を奏でる鳥が
　　いつかデンマークの森にもやってくるのか

2．夏の空気にはあまりにも

かすかな芳香で気づかない
　　　バラの香りにも、銀の百合の花びらにも
　　　遠く及ばない
　　　冬の嵐と不毛の大地が
　　　あなたのおぼつかない誕生を見届けた
　　　あなたの力を知る人だけが
　　　花の咲く日を喜び迎える

３．イースターの花、本当なのか
　　　この信仰はただの見せかけなのか？
　　　墓石を壊してよみがえることができるのか？
　　　生の終わりに生があるのか？
　　　体を起こし、言葉を発したのか？
　　　神の言葉が再び届いたのか？
　　　取り払われた墓布は、やはり幻か？
　　　イースターの栄光は立ち上がったのか？

４．死人が体を起こすことなどないとしたら
　　　よみがえりの望みに意味はない
　　　朽ち果て、誰もが死を迎え
　　　どんな庭園を飾ることもない
　　　やがて地上では忘れ去られ
　　　新しい誕生を知るよしもない
　　　溶けたロウが貼りついたまま
　　　神のキャンドルが目覚めても

５．イースターの花、一滴のしずくしたたり落ちる
　　　黄金の器　私を起こす
　　　疑いの気持ちも、あなたを止めない
　　　私を目覚めさせ、新しい体をお与えになる

朝の歌、夜明けがやってくる
　　黄金の器、耳を傾ける
　　死者とともに、身を起こし
　　バラ色のイースターの朝、ともにゆく

6．イースターの花、死を知る花よ
　　キリストが立ち上がる、その日の始まり
　　金曜日の最後の呼吸は
　　イースターの朝の誓い
　　封印や盾、刀剣が何の役に立とう？
　　復活した勇敢な主にとって
　　それらはイエスの息吹が吹き飛ばす籾殻にすぎない
　　主は死によって生を贖う

ペンテコステと聖霊

　ペンテコステは、地上に神の教会を創設するイエスの弟子たちに聖霊が降臨したことを祝う日である。グルントヴィは、「精神」に関連した数多くの文章を残している。ひとつには、どのような民族も、言語、文化、神話、寓話をつなぎ合わせる独自の精神を持っている。例えば、グルントヴィもしばしば、北欧神話の精神について語っている。同時に、キリスト者はまた、もうひとつの精神、聖霊を共有している。これは、国や地域単位のものではなく、普遍的なものである。グルントヴィの思想においては、聖霊は、国や地域の精神を結びつけ、キリスト教の精神と多種多様な地域の精神とをひとつのキリスト教的連想のもとに豊かに結びつける（使徒言行録2章1-13節）。
　民族の精神と聖霊は、ただ自由においてのみ——国家、教会、学校の強制力のないところでのみ——栄える。
　グルントヴィが創作したペンテコステの讃美歌で有名なのは、「太陽は今、輝けり」(1853) である。この讃美歌は、太陽のようなキリストが、自然のすべてを黄金色の収穫に変えるという預言を歌っている。夜に天国の夢を見

Hideko Bondesen – www.nordenskirker.dk /Wikimedia Commens(CC BY-SA 2-5, Public Domain)
精霊が降臨したあとの聖餐式――教会の誕生(使徒言行録2章41節)。コペンハーゲン、フレデリクスベア、グルントヴィ・インマヌエル教会の祭壇画(ニールス・スコウゴー作、1898)。

て、昼に天国への扉を夢に見て、扉がすでに開かれているのは、父と子の代わりに聖霊がやってきたからだという。神と人間の和解は、どこででも起こりうる。

太陽は今、輝けり
 1．太陽は今、輝けり
  生の光　慈しみ深く
  ペンテコステの百合が咲く時
  穏やかで気高い夏がくる
  予告された天使たちの訪れよりも
  黄金色の収穫　キリストを待つ

2．森がナイチンゲールのさえずりで満ち
　　夏の夜　音楽が奏でられ
　　主よ　主の名を呼びたもう
　　安らかに眠れ　おだやかに眠れ
　　天国の夢を夢に見て
　　目覚めよ　神の栄光を讃えよ

3．天国が目覚め　新しい生が始まる
　　心地よいそよ風が　梢をゆらす
　　この風は空まで吹き上がり
　　再び開かれた神の御国に息を吹き込む
　　足下には小川のせせらぎ
　　エデンの園に注ぎ込む　甘き水

4．精神の力が我等のもとにも舞い降りる
　　精神が言葉をもたらし　我等を支える
　　誰のためでもなく　我等のために
　　愛と真実が　我等に宿り
　　言葉は人となり　地上に降り立つ
　　そして天国に昇り　神の冠をいただく

5．目覚めよ　祈りを唱えよ
　　大いなる謎を　あがない　讃えよ
　　地上の舌が　あなたを褒め称え
　　犠牲の器に感謝があふれる[5]
　　主をかこむ席につき
　　喜び祝え　神の教会　祈りを合わせ！

5　聖餐の杯。

6．イエスの御名に　舌が焼かれる
　　ユダヤ人と異邦人　共謀者たち
　　イエスの犠牲の器のなかに
　　すべての母語がひとつに溶け合う
　　神の子　イエスの御名によって
　　ハレルヤ　いつまでも

7．父なる神よ　あなたの御力
　　神の御国が蘇り　咲き誇る
　　太陽が昇り沈むように
　　神の一人子よ　その栄光とともに
　　けだし人間たちの心と引き換えに
　　神の創りたもうかの国が　われらに授けられるから

H. W. Bissen/Statens Museum for Kunst (National Gallery of Denmark) (Free of copyrights)
Bust of Grundtvig by H. W. Bissen. Made in 1847-1848. It can be found in multiple casts. This is to be found at Statens Museum for Kunst (National Gallery of Denmark) and is probably the original bust. There are, among others, casts at Christiansborg (home of the Danish parliament), Vartov etc.

1847年から1848年にかけて、H. W. ビッセンにより制作されたグルントヴィの胸像は、複数の場所で見られる。この写真の胸像は、国立美術館にあり、おそらくオリジナルの胸像と思われる。そのほかに、国会議事堂やヴァルトウ教会などにも設置されている。

第7章　政治家

「自由は、すべてをよきものとする。奴隷制は世界の精神において何もよいものをもたらさない。だから我々は、そのすべての危険も含めて自由を好むのである」
　　　　　（「憲法制定議会における、宗教の自由についての陳述」1849年、7-Ⅰ）

Constantin Hansen/Kit Weiss/Det Nationalhistoriske at Frederiksborg Castle Museum（Public Domain: Free of copyright due to the expiration of copyrights 70 years after the artist's death）

　フレデリクスボー博物館に現在展示されている、コンスタンティン・ハンセンの1849年の憲法制定議会の絵。まじかにじっくり見ると、右の背景の、透視図法（遠近法）でいえば、視点の先に描かれた直線と平行な直線が画面と交わる点で、グルントヴィの顔が見える。この描かれ方は、彼の理念はほんの一部しか条文に反映されなかったが、彼の声はしばしば憲法制定の手続きにおいて間接的に影響を及ぼしたという、議会での彼の役割と一致している。

　グルントヴィの政治的意義は広く知られているものの、それを説明するのは難しい。今日という今日まで、グルントヴィはデンマークのすべての政党の政治家に影響を与えている。しかし、1849年の民主的統治に向けた最初のステップが進んだ頃、彼自身はどの政党にもけっして属さなかった。彼の思想はあまりに理論的で、彼の現実政治に対する感覚はごくわずかなものだった。しかしそれでも依然として、彼は近代デンマーク建国の父の一人なのである。彼は民主主義憲法を制定した議会の一員として選ばれ、また上院、下院の両方の議員にも何度も選ばれた。

グルントヴィは、はじめは絶対王政から代表制政治への移行に懐疑的だった。彼は王政に対して大きな尊敬を抱いており、フレゼリーク六世は、グルントヴィのイギリスの旅への財政支援だけでなく、個人的にも支援していた。グルントヴィの1840年代の政治理念においては国王は、国民の意志に耳を傾ける公正で賢いものであった。この理念は1835年の四つの身分制諮問議会の設置で現実となり、国王と国民のあいだのバランスをとることになった。正確には、国王の権力と民衆とのあいだに、完全で自由な声の適切なバランスがここに生まれた、とグルントヴィは感じたのである。

　19世紀半ば、ヨーロッパ全体で、各国が自由憲法について議論していた。グルントヴィは、こうした議論が輸入され、あるいは押し付けられるよりも、民衆の要求から育つことを求めていた。彼は、すべての暴力的な革命、特にフランス革命には懐疑的だった。デンマークの国民自由党は、民主主義を導入することを望んでおり、自由憲法はデンマークの統治の独自の形態だと論じたが、グルントヴィはこれを拒絶した。彼は「共通善への民衆の意志」をデンマークの顕著な特徴ととらえていたにもかかわらず、このことを、憲法に規定できるとは思っていなかったのである。

---

column 1849年憲法

　1849年の憲法は、絶対王政から立憲君主制と代議制政府への転換点となった。直接的な契機は、1848年のクリスチャン八世の死と、フレゼリーク七世の即位だった。新たな国王は、すぐに、風はどちらの方向に吹いているのかを感じ取った。追い風となったのは、国民自由党議員が憲法を導入したことであり、スレースヴィ公国とホルスタイン公国が、デンマークから脱退しようとしたことだった。憲法制定会議（グルントヴィも参加者に含まれていた）により、新しい憲法が可決されると、立法権は、議会の二院すなわち下院と上院に、国民の代表者として選出された議員たちに渡された。新たな憲法は、信仰の自由、言論の自由、出版の自由、そして財産と個人の自由の不可侵も保障した。

やがて、グルントヴィは概して民主主義を受け入れるようになったが、この時代の彼の動向として、もうひとつの動きがある。この統治形式においては、人々が自らの声を表現できるようになった。そして憲法制定後の数年間、彼は下院議員（1849 - 58）として、後には上院議員（1866）として、積極的にその役割を果たすことになる。このことはとりわけ、彼の「自由」——彼の考えるすべての人間関係のキーワード——において真のものである。

> 「自由でありたいと願う誰しもが、隣人もそうあることを認めなければならない」
>
> 　　　　　　　　　　　　　　（『生ける記憶のなかで』1838 年、7 - II）

> 「経験が我々に教えてくれるのは、宗教的迫害は我々に何の学びも与えず、王国内に分断と不調和を増大させるということである」
>
> 　　　　　　　　　　　　　　（「宗教的迫害について」1842 年、7 - III）

> 「私もまた、西インド諸島におけるデンマークの黒人奴隷制度を廃止するためにできることを、ほとんどしなかった人たちの中にいる。だから、私ができるのは、この問いが繰り返し含意していることに、つまり、一人の人間が、完全に、財産権をほかの仲間に対して所有できるという含意に反論することだけである。私自身と、人類のほかのすべての友のために、私は抗議する」
>
> 　　　　　　　　　　　　　　（『議会報告書』62 号、1848 年、7 - IV）

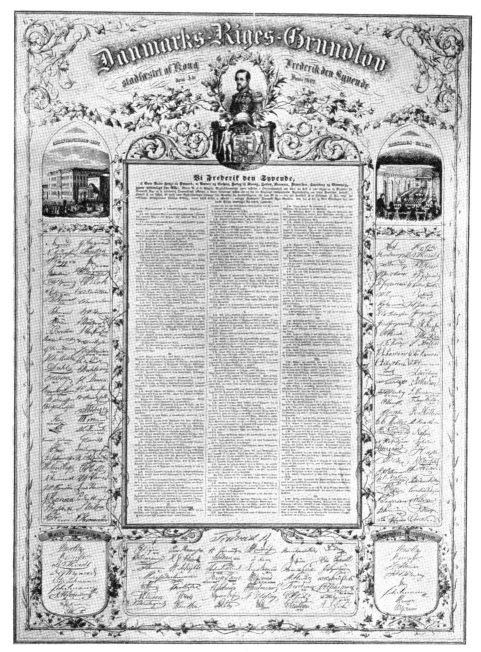

Christian Martin/Wikimedia Common(Public Domain: Free of copyright due to the expiration of copyrights 70 years after the artist's death)

フレゼリーク七世の憲法
民主主義憲法の起草に協力したにもかかわらず、当該憲法は十分に人々の意志や要求に沿っていないという理由から、グルントヴィは票決を拒否した。しかし、新憲法は反対票を投じるほどには内容が貧弱であったわけではなかった。そのため彼は、投票が行われていた時には、自宅にとどまっていた。この紙面は、一般のデンマーク人が家庭で壁に掛けることを意図して印刷された。

グルントヴィはまた、過去のことは水に流すことを厭わなかった。特に1840年代に、以前彼を誹謗中傷したとして告発したH. N. クラウセン教授と、デンマークの西インド諸島の奴隷制廃止のための委員会において協力したことが挙げられる。指導的監督であったJ. P. ミンスターの助言に逆らい、クラウセンとグルントヴィは、少数派のバプティストが、国の干渉なしに信仰を実践する権利についてもはっきりと主張した。

　グルントヴィの、信仰の自由や言論の自由における自身の信念と信条も、健全な社会のための彼の計画の一部だった。そうでなければすべてが偽善につながっただろう。市民権に対する彼の提案は以下のものを含んだ。

- 表現の自由：スピーチや書面における主に権力者（国王あるいは政府）を批判する権利
- 交易の自由
- 徴兵義務からの自由
- 良心の自由：人間として、そしてキリスト教徒として、人は良心によって、心によって動かされるべきである
- 司法行政における自由と口頭言論：裁判所が目的通りに機能しているか、確認するための公的アクセス
- 教育の自由：ホームスクーリング、または個人の信念や選択に基づいた学校の設置や運営の権利

グルントヴィの信仰の自由の理念には以下が含まれた。
- 教区からの自由：教区民が、どこの教会に参加してもよく、どの聖職者を選んでもよいことを認める
- 職務遂行における牧師の良心の自由
- 全般的な信仰の自由：組織化された社会により制約された義務を遂行するという条件で、すべての人が市民権を保持しながら、自身の信仰を追求する権利をもつ

理想的な統治形式

　次に示す 1839 年の詩は、グルントヴィの当時の政治思想を示している。それは、国王の権力と民衆の言論の自由の権利との調和があるという、民衆の意見を聞く絶対王政である。

　彼は新たな憲法がデンマークで導入される 10 年前に次の詩を書いた。彼は明確に、国王と民衆には共通の関心があると信じていた。実際、デンマークでは古来から、このバランスが特徴的であった。グルントヴィはこの理想的な統治形式の議論を裏付けるために、北欧神話を引用する。オーディンは、ワルハラ（戦死した英雄の霊が招かれ、永久に住むとされる神殿）の神の議会において、意見を聞き、あらゆる種類の批判を許容する王として代表される。

国王と民衆

1．国王の手と民衆の声
　両方が強く、両方が自由！
　両方が、我等が来るずっと前から、デンマークを故郷としていた
　すべての危険、弱点、そして恐れをとおして
　国王の手と民衆の声は勝利するだろう
　国王の手と民衆の声は、黄金の年に[1]、継続し、先導する

2．ワルハラの王、オーディン[2] は
　しばしば危険な賭けに性急であったが
　「シング（集会）」[3] をすべてのアース神族[4] と
　ユグドラシル（世界樹）[5] の下で開いた

1　グルントヴィは記念の日にちなんだことば使いをしている。
2　北欧神話において、ワルハラは、神々の世界アスガルズにおけるオーディンの宮殿。
3　シングは古代北欧の議会の呼称。
4　北欧神話においてアース神族は戦争と征服の神々。
5　北欧神話において全世界を支える巨大な樹木。

オーディンは、雷鳴がとどろいても
   トール[6]の髪にはけっして触れなかった
   どんなに痛みを伴っても、
   ロキ[7]のいたずらにさえ耐えて！

3．国王の手が完全に制約された時
   民衆の声は虚しく響くだろう
   しかしデンマークでは発明された
   彼らの選択を導く愛の芸術が
   生を束縛するものは
   腐った糸のように切れ
   民衆と国王によって
   愛の真の相互授受により解かれた

4．民衆はフレゼリークの鎖を緩め[8]
   誰の手もさして束縛されていなかった
   フレゼリークは、民衆に報いて
   民衆を彼の側に呼び寄せた[9]
   国王の手と、民衆の声、けっして忘れられてはならない！
   諸君の真の自由は平和とともに到来した
   諸君は愛によって解き放たれた

6　北欧神話においてトールは雷神。
7　北欧神話においてロキはトリックスターで、ふざけたり、役立ったり、悪意をもったりする気まぐれな神。
8　グルントヴィによれば、フレゼリーク3世を束縛した鎖は、1660年から1848年まで続いた絶対王政において緩められた。グルントヴィはこの王に対し寛大過ぎるほど寛大だった。国王は、スウェーデンとの破滅的な戦争（1658-60）の際に、コペンハーゲンの防衛により、市民の人気を博した。後に、王国の諸身分は、貴族身分の意志に反して人気ある国王に、絶対王権と継承法を与えた。実際、フレゼリークは貴族身分と平民層の不和を、自己の利益のために利用した。
9　王国の諸身分は、絶対王権によって言論の自由の権利をもつことになった。このことは、グルントヴィの生涯を通した政治的理想であった。

5．それゆえ、デンマークは
　　この地上にあるほかの王国とは違ったものなのだ
　　天は、この北欧の地よりも
　　大きな祝福をけっして与えない。
　　この地では、若者の友人たちがともに歩むように
　　力と温和さが潮汐のように流れる
　　この地で我等は、良識を信じる
　　全能の力が愛のうちに継続するという良識を

礼拝の自由

　グルントヴィは、1829 年、1830 年、そして 1831 年の三度に渡るイングランドへの旅行で、信仰の自由の長い伝統に触発された。デンマークには国教会があり、1849 年の憲法で信仰の自由が規定される前は、人々が生まれながらに帰属した国教会から離脱するには、市民権の大半を失わなければならなかった。教会は絶対王政とともに国家に仕え、厳格な規範からの逸脱の余地はほとんどなかったのである。デンマークのいくつかの町にいた、ユダヤ教やカトリック、カルヴァン派の信者には、一定の特免が与えられていたものの、信仰の統一は国家の利益であると信じられていた。1840 年代には、国教以外の、ユダヤ教、カトリック、バプティストなどの信仰をもつ諸宗派は、人口の 0.5% 以下となった。

> *column* 1849 年の憲法と信仰の自由
> 　1849 年の憲法は、信仰の平等にはふれなかったが、信仰の自由は保障した。
> 　第 4 条：ルター派教会は、デンマーク国民の教会であり、国家によって支援されるものである。
> 　第 67 条：市民は、社会において集い、自分の信念にしたがった方法で神を崇拝する権利をもつ。ただし、良識や公共の秩序に反するような教えや取り組みを、しない限りにおいてである。

長年にわたって、グルントヴィは、国教会を変え、普遍的な信仰の自由を導入する闘士だった。彼は、上記の第4条は、あまりに限定的だと思っていた。以下に紹介する三つのテクストは、この問題についての、彼の信念の深化を示すものである。最初のものは1826年から1837年のあいだに、彼自身が名誉毀損で敗訴し、検閲下にあった際（第3章を参照）、後の二つは、1848年から1849年の憲法制定会議への参加の時期に書かれた。

信仰の自由について
　私ははじめから、キリスト教の歴史のなかで起こったすべての宗教的強制は、たいへん恥ずべきことだと認識している。それはキリスト教の信仰にとって、というだけではなく、キリスト教徒が宗教的強制を実践してきたこと、あるいは少なくともそれを許してきたことである。今日では、信仰における強制と迫害は、キリスト教自体の結果であり、キリスト教から切り離せないものだという主張がある。しかしこうした主張は誹謗中傷であり、すべての真実を欠く。なぜなら、歴史は、キリスト教が生まれるずいぶん前から、人々が信仰のために殺害されてきたことを教えている。それだけではなく、キリスト教徒たちが他者に信仰を強制したり、それを拒絶した人々に復讐しようとしたりする以前に、立派な強さと忍耐によってすべての強制に逆ったこと、そして、ユダヤ人と異教徒による迫害に苦しんだことを、我々は皆知っているからである。

憲法制定議会における信仰の自由についての発言
　　　　　　　　　　　　　　　　　　　　　　　1849年4月11日

　現在の草案が、確かに、我々の国における礼拝の自由を宣言していることに、喜びを表現したい（…）。しかし、それが現実にデンマークで何を意味しているのか問うた時、我々は貧弱な答えをえることになる。それは、もしあなた自身が礼拝の自由を維持できれば、そのとき自由に信仰でき、もしあなたが厳然と国教を認め、あなたが公然と告白することを信じるならば、ス

ペイン異端審問（15世紀以降、スペイン王の監督の下に、スペイン国内で行われた異端審問）を恐れる必要はなかった、という答えだった。

　ヨーロッパや北欧のプロテスタントの国々で、もてあそばれた信仰の自由の代わりに、イギリス人は現実に目を向け、本腰を入れて礼拝の自由を許した[10]。したがって、私は、憲法草案のなかで「国民教会」と呼ばれ、政府にとても近い位置にある教会に目を向ける前に、このような礼拝の自由を規定する条文が最初に置かれ、法案の最終版の読み合わせで決定されていたことを確認したかったのである。この国で、あらゆる状況下で礼拝は自由でなければならないと決定するまでは、「国民教会」がよいか悪いかについて、何も言えない。

1849年5月3日

　この世界の領土を獲得し、市民を支配し、王国の支配をえるために努力するのは、けっして本物あるいは純粋なキリスト教ではない。それは常に偽りで手前みそのキリスト教だ、というのが私の考えである。そして、キリスト教がいつも、自分たちの信仰と礼拝のための完全な自由を要求してきたことを知っている誰しもが、もしキリスト教がほかの人々の同様の自由を否定するならば、自分たちの自由を失い、それによって呼吸し、生き、繁栄する自由を乱すことを理解しなければならない（…）。世界のこれまでの歴史は、この自由が欠如している場合、市民の自由が根を下ろすことはなく、果実を収穫することもないと教えている。

　したがって、自分たちのためではなく、すべての市民と人間の自由のために、我々はできる限り自由を、完全なものにするように努力すべきである。

10　1829年から31年、1843年のイギリス旅行から、グルントヴィは信仰の自由の価値を学んだ。ヨーロッパ諸国では、信仰の自由は、イギリスよりもはるかに遅れた状態にあった。

Om Religions-Frihed

(Tredie og sidste Stykke).

Af

N. F. S. Grundtvig.

Slutningen af en Afhandling i Theologisk Maanedsskrift, 8de Bind.

Kjøbenhavn.
Trykt 1827.
Undertrykt samme Aar.
Løsladt 1866.

Theological Monthly, 1827 (Public Domain: Free of copyright due to the expiration of copyrights 70 years after the artist's death)

グルントヴィの「信仰の自由について（Om religonsfrihed）」の二つの章は、警察当局の許可を得て、「神学月報」誌に1827年に公表された。上の画像は、第3節が印刷されたもので、出版準備がなされていたものの、検閲により取り消された。第3節は没収され、1866年に公開されるまで警察に保管された。

貧しい人を助ける

　信仰の自由と奴隷制の廃止を支持するのと同時に、グルントヴィは貿易の自由についても論じた。しかし社会における貧しい人たちに、政府に責任を負わせることに警戒していた。憲法制定会議では、現在は実現可能でも将来は実現不可能なことを、新憲法に含めないことを助言した。国家扶助を保障する条文は、怠惰さを引き起こし、人間の尊厳を奪うことにつながる可能性があった。彼は、裕福な者が貧しい者を慈善活動以外で支援することを希望し、また期待した。これは当時の共通した考え方だった。彼はイギリスの新しい報告書を引用し、国家の維持のための新たな法ができた時、いかに支出が増やされるか、説明した。

憲法制定会議への貧しい人たちについての言及

　この条文が、デンマークの憲法への導入を求めているのは、国家による扶助の一般的権利であり、私は憲法と（…）国全体に起こるであろう最大の不幸のひとつであると、できる限り大きな声で抗議しなければならない。よく知られているように、イギリスは300年の間、世界で最も豊かな国だったが、そのような扶助をできる限り利用しようとしてきた。キリスト教の慈善事業や個人の慈善活動は大きな影響力を持ち、貧困についての大きな支出がなかった限りにおいては十分にうまくいった。

　出版された議会の研究の数々からは、いかに今世紀初めにわずか100万ポンドだった貧困税が、一世代もたたないうちに1,100万ポンドまで上昇したか知ることができる。

　（…）貧困税のそれ以上の増税は不可能であり、それゆえにイギリスには、国の救貧院を間引きした。その結果は、最も支援にふさわしい貧しい人々にすら、支援が不足した。というのは、自由に生まれ自由な思考をする市民は、刑務所としての役割もある救貧院に入ることを拒絶し、両親は子どもたちと離れなかったからだ。そこから得られたことは、豊かな国でもなお重い負担であった貧困税が、年間800万ポンドまで強制的に下げられことだった。こ

うした管理が後にアイルランド[11]にまで拡張され、政府が国の全人口に食料の提供をするようになった時、何が起こったかを我々は見た。救貧院は多かれ少なかれすべての人々を養おうとしたが、それが国を絶望の瀬戸際に追いやったのである。覚えておいてほしい。もし、こうした一般予算の規定を憲法にくわえると、何が起こるのか。我々は、イギリス政府がアイルランドの人々を養うよりも、さらに明らかな不可能性を政府に委ねることになるだろう。なぜなら、我々はデンマーク政府に、増税するイングランドの存在を顧みずに、デンマークの国全体の維持を委ねることになるからだ。だから私は、このようなものがデンマーク憲法に導入されるべきではないという立場に一票を投じる。他方で、私は高齢者、病者、そして孤児が避難する場所が見つけられるように、可能な限りのことをするという規定を提案する（…）。

11　アイルランドは、1922年に独立を達成するまでイギリス諸島の一部であった。1840年代のアイルランドの飢饉は何十万もの餓死者を出し、百万を超える人々がアメリカに移住した。

B. C. Budtz Müller/Carl Stenders Kunstforlag/Royal Danish Library (Free of copyright due to the expiration of copyrights 70 years after the artist's death)

1869年に、ブッズ・ムーラーがグルントヴィの名刺作成のために撮影した写真を、修正・再現したもの。

第 8 章　デンマーク人

「諸々の至福の記憶から
我等の国は前進している
それらはデンマーク人の心からけっして消えることのない
この古の力は
どんな波でさえも、飲み込もうとはしない」

(『デーンの防塁』1816 年、8 - I)

グルントヴィの生きた時代（1783-1872）には、デンマークは、中規模の影響力のある国家から、国際政治や軍事的な舞台において影響力をもたない小国へと徐々に力を落としていった。事実、非現実的とはいえない状況のなかで、グルントヴィは、デンマークがドイツに飲み込まれ、独立国家としてもはや存続できないのではないか、と恐れていた時期があった。グルントヴィや多くの同時代の人々は、「デンマークらしさ」を最優先のこととして考えた。「デンマークらしさ」とは、デンマークの歴史、デンマークの文化、デンマーク語のことである。だから、グルトヴィの著作、雑誌、論文、讃美歌、詩、講義、そしてスピーチはすべて、デンマークが生き延びるための闘いの一部だった。このことは、彼が19世紀の偉大な国民思想家の一人になった理由である。

三つの決定的な出来事

「デンマークらしさ」をめぐるグルントヴィの闘いにおいて、特に重要な役割を果たしたのは、次の三つの出来事だった。

・ナポレオン戦争での敗北の後、デンマークは1814年に、ノルウェーをスウェーデンに明け渡すことを余儀なくされた。
・第一次スレースヴィ戦争（1848-51）では、デンマークはスレースヴィとホルスタイン公国を維持することができた。
・1864年にドゥッブルの戦いでプロイセンに敗れた後、デンマークはスレースヴィとホルスタインの両方を失った。

過去の栄光と当時の戦争が結びついているのは、デンマークに限ったことではなく、その背景には特にナポレオン戦争のあいだ（1804-15）に、すべてのヨーロッパ列強を席巻したロマン主義運動がある。グルントヴィにとって、もっとも強力な武器は「国民精神」または今日でいうところの「国民性」、これは祖国の母語にもっとも強く根ざしている。彼が何度も何度も触れているのが、検閲から1837年に解放された時に書かれた「母の名前は、天国の調べ」という歌である。

「母の声は天国の調べ
母の名前は天国の調べ
青い海のゆらめきのように広く
母の声は、赤ちゃんの喜び
そして髪が白くなった時には格別に愛される
喜び、あるいは要求、その息吹はとても甘い
生において甘く、死においても甘い
これからの時代においても甘い
(…)

我等の母語、力ある言葉
国民自身の声
北でも南でも同じように愛される
歌い手には祝福が待っている
喜びや要求、その甘い息吹
生においても、死においても、甘い
これからの時においても甘い」

(「生の学校」1838 年、8-Ⅱ)

　グルントヴィの思想はまた、彼の宗教解釈にも基づいている。彼は、さまざまな民族の歴史は、神の摂理の一部であること、そして人類の発展においては何度も、特定の民族がより重要な役割を果たしてきたと信じていた。

「(…) 生きている神と支配する摂理を信じる者にとって、それは通常、推定や希望と呼ばれるものよりもはるかに大きなものである。キリスト教の領域のなかで、新しい年が生まれることは確かなことあり、その欠点にもかかわらず、我々の大きな期待に応えてくれることは確かなのである」

(『世界史ハンドブック』1843年、8-Ⅲ)

　グルントヴィは、デンマーク人が生まれながらにして、神によって、ある種の資質、すなわち愛と真実と自由という資質を与えられていると考えていた。これらを発達させない限り、デンマーク人は神の計画通りに発展することはできなかった。グルントヴィは、西欧世界の歴史において、デンマークと北欧の人々の啓蒙と教育の時代が到来していることを、すべての北欧の人々に強く訴えたのである。

　しかし、「デンマークらしさ」に関するグルントヴィの考えを、特定のチェックリストとして提示するのは間違っているだろう。彼の考えでは、デンマーク人であることはむしろ、歴史と言語を共有する力という特定の文脈のなかで帰属意識をもつことなのだ。これは、彼が多くの活動により育もうとした自己理解であった。その例として、以下が挙げられる。

1．デンマークの教会のために、新しい讃美歌集を作ろうという志
2．祖国の文化を教える新たな「フォルケホイスコーレ」の構想
3．北欧神話の翻訳や民衆のことわざの収集をとおして、歴史的な観点から民衆をデンマーク語に目覚めさせる努力
4．新しい代表制政府における政治的意思決定の自由を広める仕事
5．多くのアソシエーションの設立を通じて、デンマークらしさを推進したいという願い
6．民衆講演家としての活躍と、デンマークらしさを祝う祭典や記念日の

創設に携わること

　当時、グルントヴィは他民族に対してかなり辛辣なことを言ったものだ。特にローマ人、フランス人、ドイツ人に対してである。他民族はデンマーク人と同じように生存する権利があったが、他民族の文化をデンマークに押し付ける権利はなかった。これまで見てきたように、グルントヴィが生きていた時代のデンマークは脆弱な国であり、グルントヴィは、特に1864年にドイツに敗れた後は、軍事的にも文化的にも、南の隣国の影響を多大に受けることを恐れたのである。

　しかしながら、グルントヴィの正義や自由の感覚を理解するために非常に重要なのは、彼が南ユラン半島の少数民族であるドイツ人の権利を擁護したことである。彼は、デンマーク人の文化が侵害されるのと同様に、他民族の文化をデンマーク人が侵害するのも間違いであると考えていた。このことの正当性についてのグルントヴィの主張は、宗教的、聖書的なものでもあった。「一人の人間から、神はすべての民族を創って全世界に住まわせ、特定の時期と特定の境界を定めた」。(使徒言行録17章26節)

column **グルントヴィの「国民精神(Folkelighed)」の概念**

　デンマーク語の「フォルケリヘズ(Folkelighed)」は英語に相当する言葉がない。したがって、ここでは大まかに「国民精神」と訳している。これまでの章で見てきたように、彼の観点では、すべての民族は、共有された歴史、領土、言語、文化により「共同体精神」のようなものをもち、またそれらを束ねる「精神」をもっている。この「精神」は他国に対して中立であり、ほかに対して優れているわけでも劣っているわけでもない。グルントヴィは、彼の語彙の中心的な言葉のひとつである「相互作用」をとおして、主権者のあいだの尊敬と対話を要求した。デンマーク人は本来的に、他国の人々と比べて「より優れている」のではない。だが、デンマーク人は他国の人々と異なるのである。しかし、グルントヴィは、ドイツやほかの民族に対して、デンマークが

第8章　デンマーク人　　155

Carsten Henriksen/Gyldendals Billedarkiv (Public Domain: Free of copyright due to the expiration of copyrights 70 years after the artist's death)

1848年3月、国民自由党の行進がコペンハーゲンの街を練り歩き、国王に民主的な憲法を要求した。

> 彼らの手中に入り、滅ぼされることを恐れていた時期には、極端に批判的な態度をとることもあった。

　このページの復元図では、グルントヴィの姿は右側の上窓に描かれている。彼は、フランス革命の時のように、「国民」が単なる群衆ではないかと、まだ懐疑的だった。しかし、時代は変わり、グルントヴィの名誉のために言えば、彼は国民とともに変化し、国民の権利の強力な擁護者となった。

グルントヴィの思想は、デンマークの人々の意識に深い筋道を残した。今でもときどき、特に「デンマークらしさ」を擁護する時に、「グルントヴィの祖国において」というフレーズを耳にすることがある。グルントヴィはデンマークが欧州連合に加盟することは想像できなかっただろう。欧州連合加盟の際には、「グルントヴィはデンマークが加盟することを望むろうか？」という議論が真剣になされていた。

　ただ言えるのは、グルントヴィは明らかに、フォルケホイスコーレが、あらゆる面で人々の意識を高めてくれると信じていたことだ。

小さいからこその強み
「はるかに高い山々（1820）」は、デンマークについてのグルントヴィの歌のなかで、もっとも有名なもののひとつである。今では、たいへん多くのさまざまな文脈で歌われ、ほとんど諺のようになっている。控えめにデンマークを称賛するこの歌は、クリステン・ヘンリクセン・プラム（1756－1821）が、デンマークが植民地としていた西インド諸島[1]へ出航する前の送別会のために書かれたものである。彼は、多額の借金を返済するために、植民地で税関職員としての仕事を得ていた。プラムは、グルントヴィを含む同時代の多数の作家と親しくしており、1815年以降のグルントヴィの主要な翻訳を出版する際にも協力した。

　この歌は、ほかの場所が、デンマークよりも表面的には大きく、より良く見えるかもしれないが、それはまさに表面でしかない、という形式に基づいて書かれている。デンマーク人の特徴である、平凡で静かな生活において、より貴重で、より本質的な、ほかの場所では見られない精神がある。そこには、小さいからこそ存在する強さがあるのだ。ほかの国はもっと変化に富んだ風景に恵まれているかもしれないし、戦場ではもっと大きな勝利を祝っているかもしれない。しかしデンマークの戦いは、偉大なものを避け、平凡で

---

[1] セント・トーマス、セント・クロイ、セント・ジョンは、1917年に2500万ドルでアメリカに売却され、ヴァージン諸島と改名された。

あること、ほかの国より、貧しい者が貧しくないことに強さを見出す、誠実な愛とともに繰り広げられたのである。しかしながらこれは、グルントヴィが豊かな者の富を取り上げ、貧しい者に与えることを論じているのではない。デンマークでは、不平等がより少ないということだけである。

はるかに高い山々
 1．天と呼ばれるこの丘[2]よりも
   地球上のほかの場所にある山々ははるかに高い！
   我等の北の大地は、荒野と緑の丘陵地帯だが
   デンマーク人は与えられたものを受け入れる
   嵐に見舞われた山頂では、我々は祝福されなかった
   我等は地に足をつける
   それが一番良いことだから

 2．異国の風が吹く海外には
   はるかにきれいな場所が間違いなくあるだろう
   しかし、デンマーク人はぶなの木々が高々とそびえ
   忘れな草の生い茂る岸辺を棲み処とする
   我等の最愛の構図は、揺りかごから墓場まで
   波立つ海に面した花咲く野辺なのだ

 3．金や名声をえることが、
   外国人にははるかに大きな功績と認められよう
   だが、デンマーク人は虚しく盾を取ることはけっしてない
   ライオンたちに対しては、心を尽くして立ち向かった[3]
   鷲たちは世界をその舞台として戦うだろうが

---

2 デンマークのもっとも高い山（丘）は「天の山（Himmelbjerg）」で、標高147ｍである。
3 デンマーク陸軍服には、金色の背景に3頭の前足を上げた青いライオンと、9個の赤いハートが描かれている。

我等は旗幟を変えなかったし、盾も変えなかった

４．海峡のあいだ[4]を入り口とするこの国の外に
　　はるかに賢い人々がいるかもしれない
　　しかし、我等には国内に必要な機知と知性とがある
　　我等は不滅だといった主張はしないが
　　真実と正義のためにのみ、心を燃やしていたなら
　　我等が良い思想家であった、と時代が示すだろう

５．外国の言葉は、はるかに高度で、はるかに高貴で、
　　はるかに美しいとみなされるかもしれない
　　しかしデンマーク人は日々誠実に
　　高潔さと愛らしさを歌うことができる
　　我等の言葉は、完全に緻密な言葉とは言えないかもしれない
　　だが外国の言葉よりも、心をはるかに打ち解けやすくする

６．貴金属を、赤いものも白いものも
　　掘ったり売ったりしている人は、他国でははるかに多い
　　しかし、デンマーク人は日々のパンに欠くことはない
　　貧しい農民の住まいでも同じである
　　ここに我等の豊かさはある
　　金持ちにすぎる人はほとんどおらず、貧しすぎる人はさらに少ない

デンマーク人のなかで生きるか、ドイツ人のなかで死ぬか

　1848年から51年、グルントヴィは週刊誌『デンマーク人』を発行した。この雑誌において彼は、1848-49年の新しい民主主義憲法と、第一次スレー

---

[4] デンマークの主要な島のあいだには「大ベルト海峡」と「小ベルト海峡」が、そしてデンマークとスウェーデンとデンマークのあいだには「エアスン海峡」がある。

第8章　デンマーク人　　159

スヴィ戦争（1848-51）の観点からデンマークの状況を論じた。この雑誌は16ページの小さなものだったが、グルントヴィはほぼ唯一の編集者であり投稿者であったため、ほかのことにはあまり時間を割くことができなかった。「週刊誌は質の悪いものになるか、それとも一人の男に全力投球をさせるかのどちらかだろう！」。当時65歳のグルントヴィの週刊誌の発行は、個人的なものだった。彼自身、憲法制定議会のメンバーであり、そして国会議員に選出され、彼の2人の息子であるヨハンとスヴェンは対独戦に志願兵として従軍していた。

『デンマーク人』の第1巻の序文からの以下の抜粋において、グルントヴィはその名前と目的について説明している。当時「デンマーク人」ということばは、今日に比べると一般的ではなかった。それゆえにグルントヴィは、デンマーク人が民衆としてのアイデンティティに自覚的になるために、「デンマーク人らしさ」を獲得することを目指したのである。彼は国の崩壊を恐れていた。そして40年の執筆経験から、自分の執筆活動が実用的な利益をもたらすかどうか、わからないことも知っていた。それでも彼は、デンマーク人に自分たちがデンマーク人であることを自覚させるために闘い続けた。そうしなければ、デンマーク人は民族として生き残れないかもしれなかったからだ。

『デンマーク人』

　ドイツ人やスウェーデン人ということばは、我々の時代の作家なら誰でも知っているが、デンマーク人ということばは見たことがない。実際、200年ほど前に（…）シェイクスピアが『デンマークの王子ハムレット』のなかでこのことばを使っていなければ、私のペンがこのことばを発明したと思う人もいるかもしれない。しかし、残念ながらこれは、読者のあいだにデンマーク語に対する無知と軽蔑が広く存在する理由を物語っているにすぎない。

　しかし、『デンマーク人』という週刊誌を発行し、デンマーク人の目ですべての物事を見て、すべてをデンマーク語で書くだけで、デンマークの不運

をすべて変えられると思うのは愚かだろう。ただ、40年のあいだに、私のデンマーク語のペンは私をより賢くした。私は、あらゆる手段を用いて、デンマーク人のためにデンマークらしさを獲得することができると信じている。その手段のひとつが（…）、真にデンマークらしい週刊誌であり、この混乱した時代に、善きデンマーク人が自分たち自身を互に理解しあうのに役立つものなのだ。私の年齢で、若い作家の協力が望めないことも考えると、少々大胆な冒険といえるかもしれない。しかし私は、デンマークの読者界のなかでは年老いた、そして向こう見ずな存在である。その私が、かつてないほど明確に我々を脅かしている巨大な難破船から、デンマークらしさを救う可能性がある仕事を試さないわけにはいかない。というのも、もし19世紀が国民の世紀であるならば、我々はまだデンマーク人の概念を、ドイツ人でないということ以外何ひとつ獲得していないのは、太陽の光と同じくらい明らかだからだ。まさしくポーランド人が非ロシア人、非プロイセン人、非オーストリア人であるとみられるのと同じである。すると、デンマークはポーランドと同じ道をたどることになる。そうなれば、真に人間らしい方法で国民となり、国を構成する権利があったはずが、それを失うことになるのだ。しかし、デンマーク人のように、小さな王国が古くからある民族にとって、これほど理不尽なことはない。というのも、その歴史の古さは、小さな祖国と厳かというわけでもない母語をもつ人々のあいだに、誰もが想像するよりもずっと強い結束力があったに違いないことを告げているからである。

1801年4月2日から1848年3月中旬まで、北の大地でこれほど声高に、あるいは絶え間なく詩的精神が響き渡ったところはなかった。しかし、デンマークの真ん中においてほど、北欧神話（…）について無知が広がっているところはないだろう（…）。

しかしながら、このこととの関連で、私はいつも考え、述べてきたことがある。ほかの地では外見的に見て、デンマークより欺瞞に満ちている。デンマークでは口では大げさに笑い、くだらないことを言いながらも、北欧神話について心が躍る人が多いのだ！今デンマーク人が、生きてよい時間を過ご

すことよりも、死んで埋葬されることを本当に望んでいるのかどうか、わかるようになっている。というのは、デンマーク人は、もはやパンのみでは生きているのではなく（…）精神、つまり国民の精神もまた必要だということが日に日に明らかになってきているからである。それはデンマーク人とデンマーク語を包む独自の音、力、きらめき、壮麗さ、華やかさであり、そして翼の鼓動のあるデンマークの精神である。そうしたものがなければ、この国には何の精神もなく、人々を結束させ、外国や敵対するものに立ち向かい、神の緑の大地における市民権を要求し、古来からの仲間である原野と海峡、青い波においてともに喜び、共通の利益、共通の闘争と勝利、共通のデンマークの不滅の記憶を結束させるような精神的な力もまったくないのだ（…）。

　今、デンマーク国民には選挙権があること、すなわち、投票の自由だけでなく、投票の義務もあることが、太陽の光のように明らかになりつつあるのだ！というのは、あらゆる自由があるにもかかわらず、我々は二つの強大な支配者、つまり生と死のあいだの、我々国民の生か死かのあいだの選択に直面しているのだ（…）。デンマーク語かドイツ語か、標準デンマーク語か高地ドイツ語か、この世の終わりまで、選択は一度きりである（…）。実際、たとえ地球上のすべての諸民族がぼろぼろになって融合し、それで豊かになったとしても、デンマーク人とドイツ人とがそうなることは永遠にあり得ないのだ。

「国民」（フォルク）とは何か？
　その年の後になって、グルントヴィが発行した『デンマーク人』の中の「国民的」（フォルケリ）という詩は、我々の合言葉になった。この詩は、国民、特にデンマーク国民を構成するものを描こうとした、もっとも円熟味のある試みとして知られている。彼の定義は、「国民」（フォルク）は歴史の中にあり、すべての四肢が全体に貢献する身体として描写される、連帯感の中に見出されるというものである。フォルケホイスコーレ歌集の版に合わせて、定型詩のいくつもの節がここでは省略されている。

何か新しいものが今の空気に流れている、そしてそれは「国民（フォルク）としてあること」の意味と関係している。問題は、もしすべてが変わるとしたら、それがよりよい方向に変わるかどうかである。それは単に人々の人気を盛り上げるための満足に終わっていいのか？「国民」（フォルク）とは何か？グルントヴィによれば、答えは歴史の中に、血縁と言語における、目に見えない絆の中にある。これらは現代においても、積極的に見いだされるものでなくてはならない。そして、各人それぞれがデンマーク人というコミュニティに属するかどうかを決めなければならないのだ。

「国民的」（フォルケリ）こそ我等の合言葉
　1．国の端から端にいたるまで、
　　　「国民的」（フォルケリ）こそ我等の合言葉、フォルケリ
　　　何か新しいものが生まれつつある
　　　単純な人間でもわかるはずだ！
　　　しかし、まだ知らない創造によって
　　　「国民」（フォルク）の欠点はすべて修復されうるのか
　　　「パンとサーカス」以上の目的が何であるかを
　　　誰が知るというのか

　2．「国民」（フォルク）！　いったい「国民」（フォルク）とは何のことか？
　　　「国民的」（フォルケリ）とは何を意味するのか？
　　　それは鼻や口を区別することなのか？
　　　どのようにそれを見つけ出すのか？
　　　それは埋葬された人々の精気で
　　　土壌の内に隠されているのか
　　　それとも箒や鋤の後ろにいて
　　　粗暴で重々しい面持ちの中にあるのか？

　3．「国民」（フォルク）、それは民族としてずっと以前からのもので

第8章　デンマーク人

優れた者であれ地味な者であれ、その言葉で祝福された
　　　今なお「国民」（フォルク）がいるのかどうか
　　　我等は今、吟味しなければならない
　　　「国民」（フォルク）の精神は、一度目覚めれば
　　　丈夫であろうと、衰弱していようと
　　　人生に何が降りかかろうと
　　　すべてをかけて探さなければならない

４．「国民」（フォルク）の仲間とは、すべてがそこに属し
　　　自分自身をそれと見なす者たちだ
　　　母語の響きを至高の優美と感じ
　　　祖国を深く愛する者たちだ
　　　残りの者は、邪悪な小悪魔のように
　　　「国民」（フォルク）に背を向け
　　　民族の絆と生得権から自らを遠ざけ
　　　強く否定しているのだ

５．地方諮問議会[5]が切り離され
　　　国民共通の精神との断絶を選ぶなら
　　　そのとき頭も手も足も
　　　笑止なほどにバラバラになるだろう！
　　　そのとき王国は廃れ
　　　過去はもはや重要ではなくなり、
　　　そして、「国民」（フォルク）は消えゆき
　　　他日を期しての目覚めは難しくなる

６．我等が真のデンマークの法令を手にし

---

[5] 1831年に、フレゼリーク６世の政府は、ホルスタイン、スレースヴィ、ユラン島、諸々の島嶼地域において、地方諮問議会を導入した。

まったく新しいデンマークの学校を手にして
　　そこでデンマークの思考を、デンマークの農業を学ぶなら
　　かつての我が国の名声は蘇るだろう
　　才覚に恵まれたデンマーク人は
　　海の傍らで平和や喜びとともに暮らし
　　「国民」（フォルク）の事業を営み詩情を育む
　　そのことで万事「国民的」（フォルケリ）である

7．我等の国で、「国民」（フォルク）のあいだでは
　　いつも自由で、心はひとつ
　　「国民的」（フォルケリ）は我々の愛の歌
　　そのあり方により、真にデンマーク的なのだ！
　　高い身分であれ、低い身分であれ、
　　子どもであれ女性であれ、尊重される
　　どんな抑揚があろうとも
　　デンマーク語はつねに愛のためにある

（『デンマーク人』Ⅰ、1848 年、381-384 頁）

Line Beck/Testrup Højskole (Copyrights granted by Line Beck and Testrup Højskole)

第 9 章　デンマークにおけるグルントヴィの遺産

> 「グルントヴィの生涯をかけた業績は、現存するデンマークを築く礎のひとつであることを我々は知っている」
>
> （ゲオ・ブランデス 1902 年、9 - I ）

1872年9月11日にコペンハーゲンの救世主教会で行われたグルントヴィの葬儀には、国の牧師の4分の1を含む多くの人々が参列した。

彼は、ケーエ近郊の「クララ教会墓地」の地下礼拝堂で、2番目の妻マリエの傍らに葬られた。生前、彼は既に運動にその名を貸していたが、グルントヴィという偉大なカリスマ的人物の存在を享受してきた新世代のグルントヴィ派は、これからどのように彼の遺産を引き継いでいくかを考えなければならなかった。

これらグルントヴィ派による仲介の運動は、教会や学校、文化、文学、歴史、神話的イメージ、政治において、グルントヴィがデンマーク社会において依然として占めている位置を理解するために不可欠である。

つまり、「グルントヴィの祖国で」という言葉を生み出し、彼を近代デンマーク建国の父として一般に認識させているのは、この運動なのである。しかし、近代デンマークの隆盛に影響を与えたほかのすべての運動、それが彼と対立するものでさえもまた、グルントヴィという現象を扱わなければならなかったのである。

グルントヴィ後のグルントヴィ主義

グルントヴィの死後、グルントヴィの多くのマントをどう着るかをめぐって、運動内で意見が対立しはじめた。1880年代には既に様々なグループがあり、どのグループもグルントヴィの名を主張しながらも、教育、文化、政治、そして主に教会に関する意見で分かれていた。

こうした意見の相違にもかかわらず、19世紀末までに、グルントヴィ派は、デンマークのルター派教会において、ほかの主要な、より敬虔なキリスト教運動であるインナー・ミッション（1832年設立）と対立し、違いを明確にしたグループを形成した。グルントヴィ派は、来世よりも現世、また特に洗礼と聖餐式といった、神聖な崇拝で経験されるものとしての神の「生けることば」や信徒の交流に重きを置いた。

> *column* インナー・ミッション
>
> 　インナー・ミッションは、デンマーク国教会の会員を対象に宣教活動をすることを目的として 1853 年に設立された。インナー・ミッションは、聖書をキリスト教の中心要素とし、個人の改宗を神の恵みのしるしとした。教会の会員たちが、毎週一度の集会で聖書の勉強や説教、交流を行い、キリスト教の信仰を分かち合うため、1000 軒以上のインナー・ミッションハウスがデンマーク各地に建てられた。
>
> 　インナー・ミッションは、ダンスやカードゲームといった「世俗的楽しみ」に対して難色を示し、またグルントヴィ派による人間的生とキリスト教的生との区別を共有しなかった。すべては個人の信仰によって彩られなければならなかった。

　グルントヴィ派の運動は、多くの雑誌のなかで、1845 年に創刊された『デンマーク教会時報』を好むようになった。今日それは、月刊誌としてグルントヴィ・フォーラムから発行されている。

> *column* グルントヴィ・フォーラム
>
> 　1898 年にコペンハーゲンで、グルントヴィ派の一グループが、今日ではグルントヴィ・フォーラムとして知られる教会コミュニティを設立した。多くの委員会が、教会、教育、政治、信教の自由など、グルントヴィの業績における様々な核となる問いの現代的解釈に取り組み、しばしば公開討論や、政治的意思決定に影響を与えようと活動している。グルントヴィ・フォーラムの本部はコペンハーゲン中心部のヴァルトウにあり、同フォーラムはグルントヴィ図書館やグルントヴィ・アカデミーも運営している。後者は、信仰、教会、地域生活、芸術、文化などに関する様々な講演会、研究会、会議を全国で開催している。また、ヴァルトウにはグルントヴィが 1839 年から 72 年まで牧師を務め

> た旧教会がある。今日ではヴァルトウは、独立教会の本部となっている。

　グルントヴィ派の進歩的精神は、なによりもまず、グルントヴィの思想にある「人間的要素」と、近代文化への開放性というかたちで表された彼の明るい人間観に惹きつけられた。子どもたちのための新しい「フリースクール」では、子どもたちの好奇心や学習意欲を刺激するために、物語や新しい指導法が用いられた。これらの要素の重要性はグルントヴィの思想から生じたが、偉大な学校の組織者であるクリステン・コル（1816-70）によっても強く力説され、「グルントヴィ–コル」学校として知られるようになった。

　同じく重要なこととして、1864年のドイツに対する壊滅的敗戦と領土喪失の後、19世紀後半に設立された多くのフォルケホイスコーレが挙げられる。グルントヴィとコルに触発されたこれらの学校は、デンマークの若者たちに、この国が直面している課題に立ち向かうための活力を与えるという新境地を拓いた。新しい教育目標と教育方法はしだいにデンマークの教育界全般に広がり、そこから、直接的、間接的にデンマークのほかの教育制度にも影響を与えるようになった。

> *column* グルントヴィ–コルのフリースクールの伝統
> 　グルントヴィは、彼自身の家庭で実践したように、子どもたちのホームスクーリングを支援した。グルントヴィ派のフリースクールの起源は、両親やその友人たち、またしばしば、グルントヴィ自身がエーレッケの荘園で行っていたような、家庭教師によるホームスクーリングにある。
> 　家庭から地域の小さな学校への移行は、クリステン・コルによって先導された。彼は、「本当の」個人の信仰に重きを置き、宗教復興運動の集まりである「敬虔な集会」に影響を受けていた。しかし彼は訓練を受けた教師であり、またグルントヴィ派の環境に馴染んでいた。
> 　グルントヴィから、教育における口承の重要性、暗記学習を最小限

Mads Grishauge（Copyrights granted by Mads Grishauge, Grundtvigsk Forum）

近年、ヴァルトウの中庭では、夏至に、"マラソン・ソングデー"が開催されている。午前7時から日没まで、ホイスコーレ・ソングブックに載っている歌が、著名人による紹介もありつつ、歌い継がれる。人々は出入り自由となっている。写真は、ニールス・スコーゴーによるグルントヴィの銅像である。

　に抑えるべきであるという信念を受け継いでいた。このことはコルと公権力との対立をもたらした。しかし、彼は、デンマーク語、歴史、語り、歌に重点を置くグルントヴィの教育思想を実践において具現化することを主張した。

　コルの努力は、子ども向けのフリースクールと若者向けのフォルケホイスコーレの重要性を明白にした。1855年に新しいフリースクール法が制定され、それまで教育の質に関係なく就学義務を課していた1814年の法律に代わり、教育の提供が義務付けられた。これは、彼らの子どもたちを自治体の学校に送ることを望まないすべての人々が、ホームスクーリングまたはフリースクール（自治体の管理外の学校）の設立を選択できるようになったことを意味した。

第9章　デンマークにおけるグルントヴィの遺産　　171

グルントヴィとコルの思想がデンマークの教育、ひいてはデンマーク社会のためになったのかどうかについては、今日にいたるまでデンマークで議論がなされている。暗記学習を嫌うことは、実際は教育にとって有害であり、グルントヴィの「喜びの学校」の思想は、ОＥＣＤのＰＩＳＡで子どもたちの読解力や計算能力がそれほどよい結果を出していないことの説明にもなる、と主張する人々もいる。他方で、グルントヴィやコルに影響を受けた教育実践が、デンマークの子どもたちが、独特な独立精神や批判的思考を持ち、成長してから様々な職場で生じる課題に対応することを可能にすることの説明になっている、と強く主張する人々もいる。

> *column* デンマークフォルケホイスコーレ協会
> 　1891年にデンマークフォルケホイスコーレ・農業大学協会が設立された。そして2000年にデンマークフォルケホイスコーレ協会に名称変更した。本部はコペンハーゲン中心部にある。協会は、この教育を発展させるよい環境づくりに取り組む様々な委員会で構成されている。彼らは行政当局やほかの組織と交渉し、文化生活や地域生活における彼らの位置付けに関して情報提供を行い、議論を喚起している。また各学校の経済的、事務的業務、スタッフの訓練、学校でのコースやそのほかのイベントの宣伝、広報、国際的な活動の取り組みを支援している。

　グルントヴィ派は、19世紀後半のデンマーク農業の近代化において重要な存在であった。グルントヴィの「協力協働」、「共通財」の思想は、当時イギリスで用いられていた近代的手法からのインスピレーションとも相まって、デンマークの19世紀末の協同組合運動の発展にも寄与した。
　これが、肉屋や酪農家の組合、体操や陸上競技クラブなど、数多くの自助の組合や協会の形成に至った背景である。これらすべてが近代デンマーク成立の手助けとなったのである。その目的は、地域社会で協力し、生産、消費、「共通財」の関心のためにメンバーを組織化することであった。これらの協

会や組合は誰に対しても開かれており、連帯の感覚によって成り立っていた。協同組合的生産の場合、利益は個々の稼働率に基づいて分配された。

フォルケホイスコーレは、独立した工芸・技術学校とともに、工芸・技術部門を通じて、レンガ職人、大工、そのほかの職人たちに最新の訓練を提供することを保証した。

このような発展に続いて、社会民主党の設立とインナー・ミッションの発展など、大きな社会運動が生じた。両者は、彼ら独自のフォルケホイスコーレを設立した。1910年に労働者ホイスコーレがエスビヤーに設立された。この種の学校では世界で最初に設立されたもののひとつである。

19世紀末までに、小さな「グルントヴィ派」の社会が形成された。例えば、酪農場、教区ホール、独立教会の集会所、独立した地域の学校などが近接し同じ人々によって使用された。グルントヴィ派は村のホールで話を聞くだけでなく、特にデンマークの非競争的な体操の伝統など、ほかの様々な活動を一緒に行っていた。しばしば、同じ村または隣村で、インナー・ミッションが、ミッションホールを中心としてであるが、同じように会員を組織していた。

1940年から45年のドイツ占領下において、グルントヴィの思想は、教会史家で社会評論家であるハル・コック（1904-63）によって再利用された。多くの参加者がおり影響を持った彼の一連の講演が、グルントヴィが政党間の共通項となることを助けた。コックは、グルントヴィの教育思想は、一般の人々が政治生活に参加できるようにすることを目指したものであり、これまで、フォルケホイスコーレにおいて中心的に教えられてこなかった、と説得力を持って主張した。

概して、グルントヴィをインスピレーションとしたコックの「対話としての民主主義」の解釈は、第二次世界大戦後のデンマークの「民衆による統治」の概念にとって重要であったといえる。戦時下の国民の士気を高めるために、グルントヴィの讃美歌や歌もかつてないほど歌われた。

1947年9月8日、グルントヴィ生誕164年の日に、彼を称え、彼の生涯や国内外の文化への貢献についての知識を広めるため、グルントヴィ協会が設立された。長年にわたり、協会は一般向けの企画、学術会議、国内および

Unknown photographer/Photographed 1940.
1940年のナチスによる占領後すぐに、コペンハーゲン大学でハル・コック教授がグルントヴィに関する講義を行い、多くの聴衆が集まった（1974年に再録）。

国際的な出版物の発行などを行ってきた。年に2回会合を持ち、学術誌『グルントヴィ研究』を毎年発行している。多くはデンマーク語で書かれているが、英語で書かれている論考も増えてきている。雑誌は協会会員に送られる。1948年までの過去の号は下記から検索できる。

http://ojs.statsbiblioteket.dk/index.php/grs/issue/archive.

第二次世界大戦後、多くのグルントヴィ派の牧師が弁証法神学の影響を受けた結果、近代的で世俗的なグルントヴィ主義が支持されるようになった。これらのうちの何人かは、長いあいだフォルケホイスコーレ運動のリーダーであったアスコー・ホイスコーレにその足跡を残した。1963年に出版された『はじめに人間ありき─グルントヴィの自己との葛藤』は、グルントヴィに関するデンマーク語での最も有名な批評書となった。そしてグルントヴィ

に関係する団体や領域、フォルケホイスコーレに大きな影響を与えた。この本の著者であるカイ・タニング（1904-94）は、グルントヴィの、キリスト教から独立した人生観を強調し、現代の人々が彼の思想を実践に活かすことができると主張した。

その後、グルントヴィのさらに新しい「バージョン」が日の目を見ることになった。1970年代はデンマークでも他国でも、左翼的イデオロギーが支配する時代であった。グルントヴィは「コミュニティの思想家」として、そして資本主義に対抗する民衆の草の根運動のためのスポークスマンとして選び出された。彼の思想をマルクス主義の原型と考える人々すらいたのである。

> *column* グルントヴィ・センター
> 　1983年のグルントヴィ生誕200周年の背景として、学術的にも一般的にもグルントヴィのデンマーク社会への貢献が広く知られるようになる研究が集中した期間があった。オーフス大学に設立されたグルントヴィ・センターは、その後、博士課程の学生の育成、研究者の雇用、グルントヴィ関連の出版物の発行支援、デンマーク国内外での様々な会議の開催などを行ってきた。2009年から主に注力しているのは、解説を付けたグルントヴィの全出版物のオンライン版（Grundtvigsvaerker.dk）を作成し、テキストの紹介、用語解説、多様な記録の一覧表を提供することである。このプロジェクトは議会から助成金を受け、16名の常勤の言語学者が業務にあたり、2030年までに完成予定である。近年の重要な仕事として、エドワード・ブロードブリッジ氏の翻訳・編集による、全5巻に及ぶ英語版グルントヴィ選集の出版がある。

グルントヴィとデンマーク国教会

以上の章からわかるように、デンマークのルター派教会におけるグルントヴィの重要性は、過小評価されることはほとんどないだろう。デンマークのルター派教会の牧師たちは、自身をグルントヴィ派と呼んできた。初期のグ

Jan Rasmussen/Wikimedia Commens（Public Domain: Free of copyrights all rights released, public domain）

グルントヴィにとって、教会は施設や建物ではなく、主に会衆を指すものであった。しかし、コペンハーゲンで最も大きな教会のひとつは、彼の名前にちなんで名付けられた。グルントヴィ教会は1920年から40年のあいだに建造された。この建物には、グルントヴィの著作にでてくる単語数と同じくらい多くの数のレンガが使用されていると言われる。パイプオルガンのような正面は、讃美歌を歌う喜びを連想させる。

ルントヴィ派は彼の教会観と人間観を大切にしてきたが、今日のデンマークの教会生活では、自分自身をあれこれの宗派に属していると位置付けている牧師はほとんどいない。

　しかし、グルントヴィの重要性は、教会の中心に残っている。彼の讃美歌は教会外でも広く歌われ、教会内では彼の好みである古い典礼の形式が守られ、教会と国家は緩やかなつながりだけをもつべきであるという彼の考えは、今も広く受け入れられている。グルントヴィは、国家が教会に干渉することを反対したが、また教会が国家から完全に独立することにも反対した。彼は、独立的教会が、個人の自由を促さず、むしろ制限することを恐れたのである。グルントヴィは、一旦牧師が典礼と教義の自由を持ち、教区民が（1855年の法律を通じて）教区とのつながりを断つことができれば、国家が教会を取り巻く市民の枠組みとして残っていたとしても、自由は保障されると信じていた。

　このように、デンマークのルター派教会は、世界で最も寛容でリベラルな教会のひとつであり、その基礎のうえに権威を保っている。一方で例えばイギリスでは、数多くの、イギリス国教会から分離した教派や自由教会が存在している。アメリカには、支配的な教会がまったくない。激しい議論と相当な意見の相違にもかかわらず、デンマークの教会運動は基本的に同じ屋根の下にある。

　これは、デンマークのルター派教会の高い信徒数（2019年1月現在74.7%）の重要な説明として推察される。これは、国家に対して同様のつながりのある教会をもつ国のなかで、最も高い数字である。宗教的不一致や激しい論争がデンマーク国教会を分断したわけではない。例えば近年、同性婚の問題は多くの対立を生んだ。しかし2012年に議会がこの取り決めに賛成し、監督たちに適切な儀式を設けるよう求めた時、彼らの誰も反抗せず、主要団体が脱退することはなかった。

現代のデンマーク文化論争の中のグルントヴィ
　グルントヴィは、ほぼ意識されないほど、多くの点でデンマーク文化に浸透している。彼は詩人や、讃美歌作家、政治家や神学者、ロックミュージシャ

ンやテレビ番組制作者にインスピレーションを与えてきた。しかし、彼はまた、人種差別や原理主義、国民保守主義、宗教的狂信などといったさまざまな批判も受けており、近年、その批判は強まっている。特に、彼がデンマークのすべてのものを好んだことは、人権や宗教的寛容さが求められる世界において不寛容と見なされることがある。いわゆる「価値論争」や「文化衝突」の焦点の人になっているからである。しかし、政治家が彼を批判することはほとんどない。時折り「グルントヴィはデンマークの価値を代表している」とか「グルントヴィの祖国では」こんなことは起こってはならない、というようなことを耳にするが、それは彼を自分の意見を支持する権威として利用しているだけである。

　このグルントヴィに対する批判的態度の欠如は、政治家が建国の父としてのグルントヴィの地位を意識しているからだと推測するのが妥当であろう。特に新世紀に入ってからの10年間、彼はしばしば政治家によって引用されてきた。

> 「グルントヴィの祖国では、信仰の尊重と信仰の違いへの配慮は当然のことであるべきである」
> 　　　　　　　　　　（バース・ルン・ホーンベック、自由党、2005年、9-Ⅱ）

> 「彼はキリスト教とデンマークらしさを真っ先に考える牧師であり、詩人であった。彼を偉大にするのは各々の思想ではなく、彼の情熱、今日の政治的正論が禁じるものを、意志を持って率直に語る勇気である。それは信じられないほど感動的だ」
> 　　　　　　　　　（イェスパー・ラングバッレ、デンマーク国民党、2003年、9-Ⅲ）

「ことばは我々に何かをもたらす。グルントヴィはそれを見事に言い表している。『ことばは、それが名付けたものを創り出す。』我々は歴史から、そして最近ではバルカン半島での民族浄化から、言語が少数派を特定し、問題を彼らのせいにするために使われうることを知っている。徐々に、そのグループを『他者』と見なすことの、ある種の正当性が作り出される。彼らは異なるので、多数派と同じ権利や保護を享受できないのだと」

(マリアンヌ・イェルブド、社会自由党、2005 年、9-Ⅳ)

「グルントヴィが今日言ったであろうことを言うのではなく、つまりグルントヴィを逐語的に翻訳するのではなく、我々は、彼の思想を現在の状況下で積極的に活用しようとしなければならない」

(イダ・オークン、社会人民党、2006 年、9-Ⅴ)

「グルントヴィは、説教壇からでも、何でも言う自由があると言った。一方で、異端者の髪の毛一本でさえも傷つける自由はない。舌は自由だが、手は縛られていたのだ」

(ベアテル・ホーダー、自由党、2003 年、9-Ⅵ)

　グルントヴィの名前に言及する時、政治家は、グルントヴィを通じて自分の伝えたいことを確認できたと純粋に感じることもしばしばあるだろう。それは、グルントヴィの長い生涯の中に、膨大な量の視点の蓄積を見つけることが可能なことと関係している。88 年にわたる彼のさまざまな活動分野と意見の変化の多くの足跡から、政治家が強調したいことを代弁するような明確な語句を見つけることができる。それはしばしば、鋭く、記憶に残り、詩的な、ことわざやフレーズであるため、政治的議論においてレトリックに役

立つ。ある時には、議論を支えるために、牧師や詩人やデンマーク人としての彼が呼び出され、またある時には、教育者や自由の闘士や政治家としての彼が呼び出されるのである。

グルントヴィは、移民、気候変動、福祉国家、テロといった問題とはかけ離れた、異なる時代に生きていた。しかし、グルントヴィは、特に難民、移民、国民の自己理解をめぐる深刻な議論に関連して、今もなお求められている。

信仰と宗教の自由、教育の自由、言論の自由、国民意識といった主題はグルントヴィの活力源であり、彼が到達した解決策は、少なくとも最近まではほとんどの政党と国民一般にとって議論の余地のない遺産であった。

現代の不確実性のなかで多くのことが崩壊しつつあるが、グルントヴィは、どのような立場の人であれ無視できない人物として国民意識の中に生き続けているのである。

Jens Ravnsborg

第10章　世界のなかのグルントヴィ

「北欧の友人たちの多くは、デンマークの偉大な牧師であり哲学者グルントヴィをよく知っています。グルントヴィは、エリートだけを対象とするのではない、多様な人々のための教育機関、フォルケホイスコーレを提唱しました。それは、社会をよくすることに貢献するような、アクティブ・シチズンシップを育成する場所です。湖に投げ込まれた小石が希望の波紋を広げ、それが海を越えてアメリカに伝わったからこそ、我々は今ここに立っているのです」

（バラク・オバマ大統領（当時）の北欧首脳会議訪問に際して、2016年5月3日、10-Ⅰ）

欧州連合は、2007年から2013年まで、職業訓練系以外の成人教育を支援する生涯学習プログラムを、「グルントヴィ・プログラム」と名付けた。2003年以降、ヨーロッパ成人教育協会（ＥＡＣＥＡ）は、毎年、成人教育に優れた人と団体に「グルントヴィ賞」を授与し表彰している。これはけっして偶然ではない。特に、「すべてのコミュニティを教育する」というグルントヴィの思想は、どのような形であれ、グルントヴィが構想したフォルケホイスコーレを広める上で大きな役割を果たしている。若者と大人がともに学ぶことは、「生のための学校」や「生涯教育」の概念と同様、グルントヴィから始まった。そうしたすべての学校に試験がないというわけではないが、試験のない、生のための学校は、デンマークに現在もなお存在している。

Anna Lisbjerg（Copyrights granted by Anna Lisbjerg）

2018年8月にグルントヴィ・シンポジウム「The Lands of the Living」がイギリス・ロンドンで開催された。日本、中国、韓国、フィリピン、インド、バングラデシュ、ナイジェリア、アメリカ、イギリス、ハンガリー、バルト三国、フィンランド、スウェーデン、ノルウェー、デンマークから約50人の参加者が集まった。このシンポジウムは、サムフォード大学（米国）が主催し、コペンハーゲン大学（デンマーク）の後援により実現した。

> *column* **翻訳の問題点**
> 　英語版では、デンマーク語のフォルケホイスコーレ（folkehøjskole）の訳語に、「people's (folk)high school」を採用している。原語に慣れている読者のために「フォーク」ということばを使用しているが、デンマークでは国民学校のことを「フォルケスコーレ」と称しているため、次のような言語上の混乱が起こる場合がある。
>
> | デンマーク語 | 英語 | 米語 | 日本語 |
> |---|---|---|---|
> | folkeskole | people's school | 1st-9th grade public school | 国民学校（1－9年生） |
> | folkehøjskole | people's high school | folk school | フォルケホイスコーレ |
>
> 　英語や米語での「フォーク」は、フォークロア（民話）、フォーク・ミュージック（民族音楽）、フォーク・アート（民俗芸術）、フォーク・ハンディクラフト（民俗工芸）などが連想されるが、これらはすべてグルントヴィが賞賛するものだった。しかし、彼の概念はより広いものだった。デンマーク語で「フォルク」は民衆（ピープル）を意味する。1843年、グルントヴィが民衆のための学校を実現するために思い描いた5人の理想的な教師像は、現代的にも通じるものであり、グルントヴィの考えが遠い未来にも及んでいることを知らしめる。5人の教師とは、①デンマーク語の教師で物語を語る人であり、②歴史の教師で、歴史を精神に関連付けることができる人であり、③詩と歌の教師で、歌い、演奏することができる人である、そして、④地理とデンマーク社会を教える人であり、⑤デンマークの法律を教える人である。

外国におけるグルントヴィ

　デンマーク以外の地域でのフォルケホイスコーレの設立は、グルントヴィが亡くなる1872年より以前に、すでに始まっていた。ノルウェーでは、

1864年サガトゥーンに最初の学校が開設され、1918年には27校、現在では80校にまで増えている。スウェーデンでは、1868年スコーネ地方に最初のフォルケホイスコーレが設立された。1918年には49校、現在は148校となっている。フィンランドでは、1889年カンガサラにフォルケホイスコーレが開設された。1914年には27校、2019年には87校となっている。

2003年に、グンヒルト・スコウンラントとK. E.ブッゲが実施したフォルケホイスコーレに関する国際的な調査では、北欧諸国で約400校、北欧以外では約300校あることが明らかになった。彼らの調査にもとづくリストには、グルントヴィの思想に触発されて設立されたと判断される学校、組織、教育活動が含まれており、グルントヴィの思想から直接に影響を受けたと判断される場合や、スウェーデンやノルウェーの学校を経由して間接的に影響を受けたと判断される学校、組織、教育活動が登録されている。

この発展の重要な部分を占めているのが、北欧のフォルケホイスコーレと国際的なフォルケホイスコーレとの連携である。とりわけ、ピーター・マンニッチ(1889-1981)が1921年デンマークのヘルシンガーに設立したインターナショナル・ピープルズ・カレッジ（IPC）は、広範囲にわたる交流の中心地となっている。グルントヴィの思想に触れた多くの外国人学生が、帰国後にその思想を自国で広めようと活躍した。また、グルントヴィについての話を聞きつけたカリスマ的な活動家が、一定期間スカンディナビアを訪れ、帰国後に学校を設立するという一定のパターンも見られる。

北欧のフォルケホイスコーレの中には、長年にわたって外国人向けのコースを運営しているところや、特定の国からの学生を集めるために特別プログラムを設けているところもある。また、政治や社会をテーマにしたり、文化の違いを調べたり、一緒に歌ったり体操をしたりするなど、一般的な国際交流コースを実施している学校もある。このような北欧諸国と世界の国々との協力関係は、国際的なフォルケホイスコーレの運動に大きな影響を与えており、北欧諸国が世界の国々での学校の設立に資金提供をしている場合もある。例えば、タンザニアでは、スウェーデンの支援を受けて50校以上の学校が設立されている。

> *column* ノーフュンスホイスコーレ
>
> 　北欧の人々のための学校としてデンマークに数多く存在する例のひとつであるボーゲンセのノーフュンスホイスコーレは、多くの国際的なコースを提供しており、その中には日本人学生のための短期コースがある。スポーツ、手工芸、健康、文化などを組み合わせた授業は、自由闊達な会話形式で行われ、競争の激しい日本の教育システムとは一線を画している。この学校を設立した千葉忠男は、教育や福祉に関する著書で知られ、『世界一幸福な国デンマークの暮らし方』(2010) は数千部を超えて普及している。

　フォルケホイスコーレの形態やグルントヴィ思想の海外への適用は、国によってかなり異なっている。ある学校は全寮制で、ある学校は通学制である。長いコースがあるところもあれば、短いコースしかないところもある。試験のない国もあれば、資格認定のための試験を行う国もある。また、政府の認可を得るために、職業訓練コースを導入し、試験や資格取得のための特別な訓練を行っている学校もある。

　実際に、各種のフォルケホイスコーレにはそれぞれの目標が設定されている。近年、北欧諸国では、難民のための統合プログラムの一部を担っている学校もある。またバルト諸国では、1991年の独立後の社会構造に対する新たな意識形成のために、さまざまな北欧的背景をもつ成人学習活動が活用されている。イギリスのバーミンガムにあるフィアクロフト・カレッジでは、グルントヴィの教育思想である相互作用と生活技能の訓練を用いて、社会的に不利な立場にある人々を支援している。

　日本、韓国、中国、アメリカ、カナダ、ドイツ、ハンガリー、ポーランド、ロシアでは、政治的抑圧、硬直した教育形態、加熱する競争を強いられる試験制度に対抗する思想として、グルントヴィが読まれている。ナイジェリア、ガーナ、ネパール、インド、バングラデシュ、フィリピンでは、教育を十分に受けられないコミュニティのための教育に対するヒントとして、また女性のエンパワーメントのため、そして貧困を生き抜くためのスキルを身につけ

The Grundtvig Institute, Nigeria/Facebook（Public Domain）

ナイジェリアのグルントヴィ・インスティテュートの生徒たち。1984年にカチ．E．オズンバ(1942－2011)によって設立され、1990年代初頭からデンマークのフォルケホイスコーレ協会と緊密な連携をとってきた。多くの若いナイジェリア人がまっとうな暮らしを送ることができるよう重要な役割を果たしている。カリキュラムには、文化教育や社会科も含まれており、同校で提供される卒業認定試験は、特に国家による教育制度の外で学ぶ若者に役立っている。近年、二つの付属機関、グルントヴィ・インターナショナル・セカンダリースクールとグルントヴィ工科専門学校が設立された。

るために、グルントヴィの思想が大きな意味を持っている。

　これらの学校の多くでは、母語を学ぶこと、神話や歴史を教えること、詩や歌、対話、物語、民主的諸権利やシティズンシップに関する情報の普及など、グルントヴィが重視する教育的要素が取り入れられている。また、多くの国では、学生が地域社会に参画し、公共の利益に貢献できる市民となることが重要視されている。フォルケホイスコーレや協同組合運動がデンマークにどのような恩恵をもたらしたかを念頭に、3R（読み・書き・算数）の訓

練に、農作業や基礎的な労働技術が加えられているところもある。

インドとバングラデシュにおけるグルントヴィ

1909年、グルントヴィ派の背景をもつベテラン教師が、インドでの宣教活動のためにデンマークから旅立った。アネ・マリ・ペーターセン（1878-1951）は、マハトマ・ガンジー（1869-1948）のインド独立運動に共鳴し、1948年にガンジーが亡くなるまで深い友情で結ばれた。ペーターセンは、ガンジーがインドのために闘ったことと、グルントヴィがデンマークのために闘ったことを重ね合わせていたのである。

グルントヴィとガンジーの教育思想に感銘を受けたアネ・マリ・ペーターセンは、1920年、現在のチェンナイ近郊に貧しい女子のためのセヴァ・マンディール寄宿学校を設立した。ガンジー自らが建物の礎となる石を敷設し築いたこの学校は、1947年のインド独立後に政府の認証を獲得した。アネ・マリ・ペーターセンは、女性のための教員養成学校の設立を依頼され、1949年、寄宿学校の隣に新しい学校を開校した。現在まで、この学校とデンマークのグルントヴィ派研究者との交流は続いている。

> *column* グルントヴィのインド観
>
> グルントヴィの思想のなかでインドは特別な役割を果たしていたが、それは「黙示録」の七つの教会に関する彼の解釈による（本書第三章を参照）。キリスト教文化は独立して存在するものではなく、文化的条件に彩られていなければならないと考えたグルントヴィは、七つ目の教会はインドに存在しうると推察していた。

1947年にインドが独立した後、グルントヴィが提唱したフォルケホイスコーレ構想は、1948年から49年にかけて開催されたインドにおける教育の将来像を構想する委員会で重要な役割を果たした。デンマークをはじめとする北欧諸国と密接な関係をもつ学校が、長年にわたって数多く実現されてき

たのは、このときの委員会の働きが大きい。ただしこれらの学校の多くは、短命に終わっている。

　近年では、グルントヴィ研究者のアショケ・バッタカリヤ（1950－　）が、農村部や都市部の貧困層、ストリートチルドレン、障害者のための識字・技能教育に取り組んでいる。コルカタのジャダフプール大学でグルントヴィの教育哲学を教えるバッタカリヤは、出版や国際会議の開催等、グルントヴィの教育哲学を広めた第一人者として、識字率向上に対する功績が認められ、ユネスコの国内識字教育賞を受賞している。賞は1999年9月8日にインド大統領から授与された。この日はグルントヴィの誕生日でもあった。

ミトラニケタン

　ミトラニケタン（Mitraniketan）は、1956年の設立以来、教育を中心とする開発援助をおこなう非営利団体である。ミトラニケタンは南インドのケララ州に位置し、60エーカーの熱帯雨林の中にある。ミトラニケタンとは「友達の家」という意味で、500人以上が共同生活を送っている。ミトラニケタンには、幼稚園、学校、フォルケホイスコーレ、テクノロジーセンター、農業技術センターがある。開発教育、有機農業、持続可能性が重要な分野であり、女性の自立を支援する特別コースも設置されている。

　ミトラニケタンは当初から、学生や地域住民が農業や地域資源を利用した生活に従事できるように訓練し、訓練後に都市部に移住しなくても暮らせることを目指してきた。インドでは珍しく、このコースは特別な入学資格を必要としない。自立した人間を育てるというグルントヴィの哲学に従い、実践的で対話を重視した授業を行っている。その副産物として、ケララ州ではこの教育機関の関係者によって設立された数多くの協同組合がある。

　ミトラニケタンのフォルケホイスコーレは、様々な社会的・文化的理由によって疎外されている人々に焦点を当てている。校長のレグ・ラマ・ダスによると、学生の多くは社会的・経済的に恵まれない階層の出身で、既存の競争的な教育システムでは十分な教育を受けることのできない人々である。学校を中退した人、経済的理由から高等教育を受けることのできなかった人が含まれる。彼らがもっとも必要としているのは、雇用につながる技能の獲

Lars Høbye（Copyrights granted by Lars Høbye payed for by Grundtvigsk Forum）
ミトラニケタンでの会合、2015年。

得である。

>「フォルケホイスコーレの目的は『生のための教育』であり、その目的を達成するために採用しているのが、共同学習という方法である。この方法は、正規の教育システムとは対照的で、トレーナーやファシリテーターは、参加型の教授法や学習法を採用し、学生を学習プロセスに巻き込み、参加を促す。活動をベースにした生きた教育機関として、ソーシャル・ラーニングを展開し、学生、ファシリテーター、そして地域コミュニティのメンバーも参加する。当校は、正規の学

校教育と職業教育のあいだのギャップを埋めるリメディアル教育センターとして運営されている。当校では、雇用とアクティブ・シチズンシップを実現するために、技術教育と人格形成のセッションを提供している。そして、すべての活動において、コミュニケーションの媒体として母語のみを使用している」

（レグ・ラマ・ダス、2018年、10-Ⅱ）

　ミトラニケタンの創立者は、エンジニアであり環境保護活動家でもあるK.ヴィスワナサン（1928-2014）である。ヴィスワナサンは、インドのノーベル賞受賞者であり、グルントヴィと並び称される、ラビンドラナート・タゴール（1861-1941）が創設したシャンティニケタンに学んだ。1950年代半ばにアメリカに留学し、ハイランダー・フォーク・スクールやジョン・C.キャ

Lars Høbye（Copyrights granted by Lars Høbye payed for by Grundtvigsk Forum）
ミトラニケタン創立者K.ヴィスワナサン（1928-2014）。2005年撮影。

Lars Høbye（Copyrights granted by Lars Høbye payed for by Grundtvigsk Forum）
ミトラニケタンでは、グルントヴィとガンジーの写真が並んで壁に掛けられている（2005年撮影）。

ンベル・フォーク・スクール（後述）を訪れ、学校教育とコミュニティ生活が密接に結びついていることに感銘を受けたという。この経験に刺激を受けた彼は、デンマークをはじめとする北欧諸国を訪問することを決意し、1955年に実際に北欧を訪れ、帰国後にミトラニケタンを設立した。

「デンマークでは、N. F. S. グルントヴィの影響で、この国が社会的にも経済的にも大国になったことを実感しました。彼はデンマークの人々の意識を喚起することができたのです。彼は国の威信を取り戻し、自分たちには独自の文化遺産があることを、民衆の中にこそ自分たちの文化遺産があることを示しました。彼は民間伝承を復活させ、学校を発展させましたが、それが広まる様子を見られるほど長生きはできませんでした。クリステン・コルの曾孫は一度ミトラニケタンを訪れたこともあるのですが、コルは次のように語っています。『デンマークにおけるフォルケホイスコーレの構想は、民主主義を促進するという点で、普遍的な魅力がある』と。フォルケホイスコーレの考え方が、民主主義の発展に重要だと考えるロシア人に会ったことがあります。また私自身も、これがまったく外国のものだと考えたことはありませんでした。なぜなら、学生と教師が共同生活をするインドのグルクラ制度によく似ていたからです。物事は、よく掘り下げると、根底において共通したものに行き着くのです」

(K. ヴィスワナサン、2005年、10-Ⅲ)

バングラデシュ

　バングラデシュは、おそらくフォルケホイスコーレ(ベンガル語では「ゴノビドヤラヤ (Gonobidyalayas) で Gono は民衆の、Laya は学校という意味)をもつ世界で唯一のイスラム教国である。現在、6校あるゴノビドタラヤスのうち4校は、1980年代初頭にデンマーク外務省の支援を受けて、さまざまな農村地域に設立された。一般知識を身につけるプログラムと、手工芸、耕作、魚の養殖、家禽の飼育などの技能を身につける職業訓練を行い、非識字と貧困の解消を目指している。

　1988年、ゴノビドヤラヤが単なる生産活動拠点にならないよう、デンマーク・フォルケホイスコーレ協会はゴノビドヤラヤを運営するNGO「バングラデシュ・コミュニティ教育協会(BACE)」と二者間協定を結んだ。こ

Anders Holm（Copyrights granted by Anders Holm）
東バングラデシュのコミラ近郊にあるプロティグヤ・パリシャッド、2019年。

の協定は、デンマークと緊密な連絡を保ち、ゴノビドヤラヤを卒業したのちの生活環境を改善するために必要な生活上の技能を学生たちに身につけてもらえるよう、一般教育と技能訓練を同等に重視するためのものだった。

　東バングラデシュのコミラ近郊にある小規模のＮＧＯ「プロティグヤ・パリシャッド」は、1987年に、タゴールとグルントヴィに影響を受けたムバト・ファテマ・カビール夫人のリーダーシップの下に設立された。1996年、プロティグヤ・パリシャッドはデンマークのフォルケホイスコーレ協会と提携し、デンマーク外務省の支援を得て、バングラデシュで6番目のゴノビドヤラヤであるベジョイプル・ゴノビドヤラヤを開校した。この学校が提供する多様

第10章　世界のなかのグルントヴィ　　195

なコースの多くは、女性を対象としたものである。その後、既婚女性にとって通学が難しいということがわかり、学生ではなく教師が通えるよう、村々に25のセンターを開設することになった。現在、約15のセンターが、プロティグヤ・パリシャッドによる限られた資金によって運営されている。

グルントヴィの影響によってはじめられたもうひとつの取り組みに、クルナ県の貧しい地域にある子どもたちのための文化学校「マナブラタン・ケンドラ」がある。この学校は、デンマークやバングラデシュのフォルケホイスコーレにグルントヴィが与えた影響に関する著作やドキュメンタリー映画を制作している作家で映画監督のタンヴェイ・モカムエルがはじめたものである。普通の学校と異なり、この学校では歌唱、舞踊、演技、絵画、パソコンを活用して教育が行われている。また、歴史を学ぶことも重要な要素だとみなされている。グルントヴィの影響を受けて、この学校では、人間は自分たちの歴史や神話から知識、経験、ビジョンを得なければならないという信念が貫かれている。

日本と韓国におけるグルントヴィ
封建制が続いた日本は、19世紀半ばまで相対的に孤立した国であった。16世紀から17世紀にかけてイエズス会の宣教師が活躍していたが、日本では鎖国が続き、中国やオランダ以外の国とのつながりはほとんどなかった。その後、世界との交易が徐々に増えていくなかで、日本人は海外の交易相手についての知識を得たいと考えるようになった。1910年から1930年のあいだに20冊ほどのデンマークに関する本が出版され、グルントヴィ以降の農業の発展、教育制度、社会構造に対する関心が高まった。

もっとも重要な人物が内村鑑三（1861-1930）である。1911年の講演をもとにした小文『デンマルク国の話』は、教師向けの冊子として増刷を重ねたばかりではなく、1956年には児童向けの説話集にも収録された。内村は、カリスマ的人気を博したキリスト者であると同時に、思想家もしくはジャーナリストとしても活躍し、多くの若い知識人にインスピレーションを与えた。

彼の理想は、1864年以降のデンマークのように、持続可能な社会を築くことだった。デンマークの酪農、協同組合の理念、フォルケホイスコーレ（国

民高等学校）などを紹介し、日本での評価を高めた。デンマークのフォルケホイスコーレには、第二次世界大戦前にも何名もの有力者たちが視察に訪れた。しかし、その後日本で設立された学校は、旧来の農家と小作農の封建的な上下関係を維持した農業学校や民族主義的な学校から、グルントヴィの理念に忠実な学校まで、さまざまであった。戦時中には多くの学校が閉鎖に追い込まれたが、中にはグルントヴィの思想を維持し続けた学校もあった。

　第二次世界大戦後の日本では、東海大学とその創立者である松前重義（1901－91）が着目に値する。松前は電気工学を学び、通信技術の分野で世界的に有名になった人物である。研究者としての歩みのなかでひとつの転機となったのが、1925年の内村鑑三との出会いであり、それをきっかけにグルントヴィの思想に触れたことであった。松前は伝記『獅子奮迅』（1983）のなかで次のように語っている。

「私の心の中にある教育者になるべきだという気持ちは、グルントヴィ（…）の教えを初めて聞いた時からありました。本当に感動したものですから、私も大好きな日本の平和的発展に教育を通して貢献しようと決意したのです。そしてこの決意は、生涯にわたって私の心に深く根付いたのです」

（Mamoru Sakamoto, A Lion Aroused: Conversation with Shigeyoshi Matsumae, Maurice E.Jenkins Translated, Tokai University Press, 1986, 坂本守, 1983,『獅子奮迅：松前重義物語』西日本新聞社、10-Ⅳ）

　1933年から34年にかけてのドイツへの研修旅行で、松前はデンマークにも足を運び、数週間かけて九つのフォルケホイスコーレを訪問している。特に、学生と教師が一緒に生活し、自由な対話が行われていることに感銘を受けたという。歴史を教えること、社会の構造を教えること、そして健全なコミュニティを形成することのあいだには関連性があると認識し、このビジョンを日本で実現しようとしたのである。

松前重義
デンマークを訪れた松前重義、1934 年。

　1946 年に松前が設立した東海大学は、戦後の多くの人々に大きな刺激を与え、日本の国民性に新たな道をもたらした。設立当初から、北欧研究を専門とする学科を擁し、1970 年からはコペンハーゲン北部にヨーロッパ学術センターを設立した。さらにはヨーロッパ各地の様々な部門を通じて、デンマークとのつながりが培われ、学術的・文化的な交流が促進された。現在、東海大学は、数万人の学生を擁する高等教育機関として、正式に認証された私立大学である。

　また、日本でグルントヴィの理念に基づいたフォルケホイスコーレ運動を始めるというアイデアは、近代哲学研究者の清水満によって実現された。1994 年、清水は日本グルントヴィ協会を設立し、現在 170 人の会員がいる。清水はまた、グルントヴィに関する翻訳や著作を多数、出版している。

　同様に、社会哲学者の小池直人も、グルントヴィ思想を日本人に伝えよう

としてきた人物である。小池は2015年に発表したディスカッションペーパー「生の啓蒙と社会の形成」のなかで、グルントヴィの思想を国民の形成と結びつけ、「フォルケホイスコーレのすべての活動は、民主的な市民と必然的に結びつく関係の構築や国民の形成と切り離すことはできない」と述べている。小池はグルントヴィの哲学的、教育的、文学的著作群を日本語に翻訳し、日本のグルントヴィ研究に大きな貢献を果たしている。

韓国

　1876年から1910年までの韓国のいわゆる「啓蒙」主義時代、そしてその後1910年から1945年までの日本による植民地時代に、多くの韓国人が国の代替となる統治システムを構想しようと、外国に学んだ。日本における多様な研究を通じて、韓国の人もまた、グルントヴィ、そしてデンマークについて知ることとなった。戦間期には多くの韓国人、中国人がデンマークを訪れ、韓国や中国においても、グルントヴィやデンマーク社会、デンマークの農業、デンマークの協同組合運動に関する書籍が出版された。そして日本の高等学校に留学していた韓国人の中には、内村鑑三に感銘を受けた者もいた。その中の一人、イ・チャンガプは、1958年、プルム人民高等学校を設立した。これは、急成長していた協働組合運動、とりわけ農業分野の協働組合運動と関係の深い学校だった。今日では、プルム農業高等技術学校として知られている。

　朝鮮戦争が終わり、1953年に南北が分断された後、多くの韓国人は国をどのように再生できるかを模索していた。日本と同様、デンマークがその答えのひとつだった。視察が行われ、本も出版された。これらの本の焦点となったのは、デンマークが1864年、ドイツに大敗を喫した後に、どのように国を復興させたかという点であり、特に酪農、園芸農業、水産業の協同組合運動の形成についてであり、そのインスピレーションの源としてのグルントヴィ思想だった。朝鮮戦争後のグルントヴィへの関心は、1980年にカイ・タニングによる英語版の伝記『N. F. S. グルントヴィ』の韓国語版翻訳書において、頂点に達した。

　その後しばらく、あまり関心が払われない時期を経て、近年ふたたび、グ

Jeanne Kornum（Copyrights granted by Jeanne Kornum payed for by Grundtvigsk Forum）
2018年、オ・ヨンホは、グルントヴィの理念を外国に広めた実績を評価され、外国人として初めてデンマーク・グルントヴィ賞を贈呈された。

ルントヴィの理念やデンマーク一般に対する関心が高まっている。セミナーが開催され、グルントヴィの思想に関心が集まっているが、なかでも教育思想についての研究が活発になっている。

　2016年2月、ソウル市北西から40キロメートルほど離れた江華島（Ganghwa Island）に、アジア初の継続学校「グムトル・エフタスコーレ」が開校した。独立系ジャーナリストとして知られるオ・ヨンホが、チョン・スングァン（前プルム農業高等技術学校校長）、キム・ヒオク夫妻とともに設立したものである。

　2014年、300人のデンマーク人にインタビューしたオ・ヨンホは、『私たちも幸せになれる？（Can We Also Be Happy?）』という本を出版した。この本は、韓国で9万冊以上を売り上げ、グルントヴィとデンマークの教育制

度に対する一定の関心を集めることとなった。この本では、グルントヴィによる「生のための学校」という考え方が、デンマーク人のあいだに安心感や特別な感覚をもたらしている、と書かれている。韓国の学校制度においては、競争、そして目に見える成功が最優先され、10代の若者の自殺率も高く、10代の死因の第一位が自殺だといわれる。グルントヴィの理念は、非常に魅力的な代替案だと、この5年のあいだに約11万人の韓国の人々に950回以上、オルタナティブ教育に関する講演を行ってきたオ・ヨンホは主張する。オ・ヨンホはまた、毎年、デンマークでのスタディー・ツアーも主催しており、グルントヴィの理念を教えるだけではなく、実践してもいる。

アメリカでのグルントヴィ

　アメリカにおけるグルントヴィ思想の普及は、1870年代以降、何十年かにわたる、デンマークからの移民によって行われた。アイオワ、ミシガン、ミネソタ、ネブラスカ、モンタナ、ノースダコタ、テキサス、カリフォルニア、そしてカナダに一連のデンマーク人集住地が誕生し、1874年には、アメリカのデンマーク福音ルター教会が設立され、1877年には、グルントヴィ協会デンマーク人会が設立された。

　これらの会の目的は、多くの州に散住するデンマーク人をとりまとめることだった。ノルウェー人やスウェーデン人は、入植当初からお互いにより近い場所でグループを作って生活していた。教会および協会をとりまとめる原動力のひとつとなっていたのは、グルントヴィとマリエ・トフト夫人とのあいだに生まれた息子、フレゼリーク・ランゲ・グルントヴィ（Frederik Lange Grundtvig, 1854 – 1903）である。彼は、1881年にスウェーデン人の妻と一緒に移住し、1883年からミシシッピ河沿いの町アイオワ州クリントンで、1900年にデンマークに帰国するまで、デンマーク人教会の牧師を務めた。

　アメリカのデンマーク・グルントヴィ派の人々は、フリースコーレ（小中学校）、村役場、教会、協同組合による酪農場などを設立し、20世紀になる頃には、6つのフォルケホイスコーレを運営し、合唱、フォークダンス、体操、講義、デンマーク語の新聞などを奨励し、デンマーク語の図書館を巡回させ

ていた。デンマーク人たちのアイデンティティは、祖国にいるデンマーク人とのつながりによって維持されていた。1890 年、グルントヴィ協会デンマーク人会の会員は、デンマーク国内にいる人だけで 4,000 人以上にのぼり、同時期に発行された、『アメリカ在住デンマーク人のためのデンマーク歌集』も、4,000 部が印刷された。

しかし、アメリカでもデンマークと同様に、グルントヴィ派と、デンマークにこだわらず信心深さを重視するインナー・ミッション運動の影響を受けた人々とのあいだで、宗教的な対立が続いた。1894 年、この緊張関係は限界に達し、最終的にデンマーク国教会につながるグルントヴィ派も、合同教会につながるインナー・ミッション運動の一派も激減した。その結果、両方の教会で、必然的に、すべてのデンマーク関連の会と同様、現地語としてのデンマーク語が徐々に失われ、その後、大恐慌時代の 1930 年代になると、ほとんどのフォルケホイスコーレも閉校に追い込まれてしまった。

> *column* カナダ
>
> 　カナダにおけるグルントヴィの影響力については、アメリカと類似している。戦間期には、5 人の異なるデンマーク系移民の牧師によって 5 つのフォルケホイスコーレが設立されたが、1930 年代の大恐慌の影響を受け、どの学校も 10 年ほどしか続かなかった。しかし、第二次世界大戦後、トロント近郊にジョン・マドセン・フォーク・スクール（John Madsen Folk School, 1946-57）が設立されて以降、織物、陶芸、演劇などの芸術が盛んに行われるようになり、注目すべき変化となった。毎年、開催されるフォークフェスティバルには、様々な文化的背景をもつ約 2,000 人の参加者が集まり、それぞれの民族舞踊を披露し、文化を共有していた。
>
> 　アメリカと同様、カナダにおいても、グルントヴィの思想を輸入したのは、デンマーク人だけではなかった。1920 年代の初めから、カナダの成人教育はグルントヴィやフォルケホイスコーレ、協同組合運動を参照してきた。戦間期には、いくつかの学校やセンターが設立され、

> 漁師や農民を対象とした短期コースが開かれ、一般教養や市民生活に加えて、地域の事情にも焦点を当てた講座が行われた。ただしカナダにおいても、これらの学校の多くは短命に終わった。

継続したセンターのひとつが、アイオワ州デモインにあるグランドビューカレッジ（現在のグランドビュー大学）である。1896年、フレゼリーク・ランゲ・グルントヴィの支援を受けて設立された。当初はグルントヴィ派の牧師を養成することを目的としていたが、20世紀に入ってからは、アメリカの典型的な大学であると同時に、デンマークにルーツをもつ農民のためのフォルケホイスコーレとして発展した。この学校は、アメリカ中西部における、グルントヴィの遺産の保全と継承のために、重要な役割を果たしている。現在の学生たちは、デンマーク人とは限らず、多様な背景をもつ人々が集まっているが、グランドビュー大学ではグルントヴィの教育理念が現在も受け継がれている。神学部教授のマーク・マテスは、「そのもっとも具体的な現れは、学生の人間性を最大限に引き出すための教育に対する、教員の姿勢にある」と語る。グランドビュー大学には、グルントヴィに関連する文献を集めた、充実した図書館がある。

デンマーク語が徐々に使われなくなっても、デンマークにルーツをもつ人々のあいだでグルントヴィのアイデンティティが完全に失われたわけではなかった。例えば、アメリカの福音ルター教会（ELCA）の後援を受けるデンマーク関係者会議（The Danish Interest Conference）は、年10回雑誌『チャーチ・アンド・ライフ』を発行しており、購読者は350人ではあるが、アメリカにおけるグルントヴィの遺産を現在に伝えている。

1947年以来、毎年、ミネソタ州タイラーにある歴史ある学校ダネボ・フォーク・スクールを会場に、5日間にわたるダネボ・フォーク・ミーティングが開催されてきた。歌や音楽、講義や食事、そしてキャンパス内の教会では礼拝も執り行われる。この現代的なフォーク・ミーティングには、デンマークにルーツをもつ人々を中心に、毎年100人から200人の参加者が集まり、近年では広く一般の人々の参加も増えている。

加えて、タイラーでは毎年夏に3つの「ファミリーキャンプ」が開催されており、多くの人でにぎわっている。これらのキャンプはアメリカでのグルントヴィ派の伝統を受け継ぐもので、ほかではあまり経験できない世代間交流の場となっている。歌や踊りに加えて、石けん作り、絵画、木工、装飾品制作、切り絵作り、デンマークのソーセージ作りなど、様々なワークショップが行われる。ウィスコンシン州ウェスト・デンマークでも、7月4日の直前の3日間、同じような家族向けのサマーキャンプが行われている。
　さらに、ファーストラップ・モーテンセン記念会議という催しもある。これは、毎年2月にカリフォルニア州のデンマーク人居住区であるソルバングで開催され、3日間にわたって第一線の学者や教育者が集まり、学術的な講義を行い、親睦を深める、グルントヴィ派の伝統に関する会議である。この会議を2010年に調査したヘンリク・ブレドモセ・シモンセンは、主催者や参加者を惹きつけるのは、コミュニティ意識、歌や踊り、非聖書的な環境、思想の自由と寛容さであると述べている。最後に、ミネアポリスにあるデンマークアメリカセンターを紹介したい。このセンターは、たいへん活発な組織で、訪米する神学者や作家による講演会、合唱、コンサート、フォークダンス、手工芸など、フォルケホイスコーレで行われるようなイベントと講座を提供している。

アメリカのフォーク・スクール

　アメリカでは、フォルケホイスコーレは「フォーク・スクール」と呼ばれている。1976年に設立されたアメリカ・フォークエデュケーション協会によって、デンマーク移民と特別な関係にあるわけではない学校も含めた90以上の学校が認定されている。同協会によると、2018年12月現在、この10年間だけでも50以上の学校が新たに開校しており、さらに増え続けているという。この「ブーム」は単純には説明できないが、一説には「2001年9月11日の事件で生じた不安に対して、伝統的な価値観や文化を提供しているからではないか」と言われている。ドーン・マーフィーによる2018年の調査では、3人の民間人スクールリーダーが次のような回答をしている。

> 「人々は、本物の人とのつながりや、自分の手で何かを作り上げることで得られる真の満足感を求めています。我々はコミュニティを作っているのです」
>
> （ジェラルディン・ジョンソン、クリエイティブディレクター、アスパイアアルティザンスタジオ・フォークスクール、ミネソタ州）

> 「人々は社会的に孤立し、経済的にも力を失っていると感じています。生活をシンプルにして、便利で美しいものを自分で作る能力を高め、自分自身を満たすことに関心があり、そこにニーズがあるのではないでしょうか」
>
> （ステイシー・ウォーターマン＝ホーイ、創立者、アルビュタス・フォーク・スクール、ワシントン州）

> 「この技術至上主義の時代に、感覚を大事にし、有形のものに戻ろうとする気持ちが我々の中にあるのだと思います。（中略）祖父母世代の『知識』と和解し、我々の目的や将来のビジョンに合った、新しいコミュニティのための空間を見つけることができると思っています」
>
> （カーラ・グルップ、創立者、スリーパインズファーム・フォークスクール、アイオワ州）

　これらの回答だけを見るとグルントヴィとの関連性は薄いと思われるかもしれないが、多くの学校がグルントヴィから得たインスピレーションについて、ホームページ上で言及している。協会もまた、ホームページで次のように述べている。

「アメリカ・フォークエデュケーション協会（FEAA）は、1976年にケンタッキー州ベレアで、アメリカ・フォーク・スクール協会として設立されました。創設者のケイ・パーク（ニューヨーク州立大学コブルスキル校）とジョン・ラムジー（ベレア・カレッジ）は、19世紀のデンマーク人N. F. S. グルントヴィの教え子であり、北米におけるフォルケホイスコーレの運動の背景にもグルントヴィの哲学が関係していることを知っており、関心をもち研究してきました。そしてこの関心を正式に組織化するために、行動に起こしたのです」

(FEAAホームページ、10-V、VI)

　アメリカのフォーク・スクールでは、実用的な科目がたいへん人気を集め、そこにはアーツ＆クラフツ、伝統農法や有機農法、持続可能性や環境保全などが含まれている。フォルケホイスコーレは同時に、社会や政治について活発な議論をする場としても知られている。非実用的な科目のなかでも、歴史（地域史）、市民生活、民主主義に対する関心は高く、これらは、地域社会での教育や社会への積極的な参画に関するグルントヴィの思想につながっている。同様に重要なのは、対話のなかで生きたことばを使うこと、そして試験のない教育である。

column ジョン・C. キャンベル・フォーク・スクール

　アメリカ人によって最初に設立されたフォーク・スクールは、グルントヴィそしてデンマークのフォルケホイスコーレに影響を受けたものだった。現存するもっとも古い学校のひとつが、ジョン・C. キャンベル・フォーク・スクールである。これは、1925年に、ノースカロライナ州ブラスタウンに、ジョン・キャンベルの未亡人オリーブ・キャンベル（1882-1954）によって設立された。キャンベル夫妻は、アパラチア山脈の南西部で、若者が都市部に流出せず、地元に定着できる

よう、地域の人々のための教育に携わった。このような動きは、世界中の多くのフォルケホイスコーレにも共通して見られる。1919年にジョン・キャンベルが亡くなった後、オリーブ・キャンベルは友人のマルグリット・バトラーとともにスカンディナヴィアを訪れ、フォルケホイスコーレを視察したあと、アーツ＆クラフツに重点を置いた学校を設立した。広大な敷地に建てられた校舎には、料理、絵、園芸、ダンス、陶芸、ペーパーアート、織物、キルト、写真、編み物、物語、木彫り、ライティング、音楽、金細工などのコースが用意されている。

グルントヴィと公民権運動

　ジョン・C. キャンベル・フォーク・スクールの設立から７年後、アメリカでもっとも有名なフォルケホイスコーレがテネシー州に誕生した。ハイランダー・フォーク・スクールである。2016年５月、バラク・オバマ大統領が北欧首脳会議でのスピーチで言及したのは、この学校の影響についてだった。

　「デンマークの偉大な牧師であり哲学者であるグルントヴィ（…）は、フォルケホイスコーレの理念を提唱しました（…）。やがてフォルケホイスコーレ運動は、ここアメリカにも広がりました。そのうちのひとつが、テネシー州にありました。ハイランダー・フォーク・スクールです。ハイランダーでは、特に1950年代に、新世代のアメリカ人が集まり、公民権を推進するためのアイデアや戦略を練りました。平等を推進し、正義を実現するために。我々は、ハイランダー・スクールで学んだ人々の名を知っています。ラルフ・アバナシー、ジョン・ルイス、マーティン・ルーサー・キング・ジュニアです。彼らは皆、ハイランダー・フォーク・スクールと、北欧の偉大な哲学者の教えによって育てられました。そして彼らは公民権運動へ、そして究極的にはアメリカをよりよき場所にすることへと連鎖反応もたらしました（…）。ハイランダー・フォーク・スクールに参加した、エラ・

ベイカーのような人物の努力がなければ、私はここに立っていなかったかもしれないのです」

(「バラク・オバマ大統領から北欧の首相たちへ」2016 年 5 月 3 日、10 -Ⅶ)

　ハイランダー・フォーク・スクールの設立と発展に決定的な影響を与えたのは、テネシー州の貧しい家庭に生まれた、マイルス・ホートン（1905 -90）である。ホートンは、労働者階級への共感を生涯にわたって抱き続け、アメリカにおける巨大な貧富の差に強い批判の目を向けていた。若き日の彼は、人種差別に反対し、教育の欠如こそが貧困の決定的な原因であると考えていたが、その課題に取り組むことのできるような形態の学校は、当時存在しなかった。
　1930 年、シカゴで学んだ彼は、アメリカのデンマーク国教会やフォルケホイスコーレとつながりのある二人のデンマーク人牧師、イーノック・モーテンセン（1902 - 84）とアーゲ・モラー（1885 - 1973）に出会った。二人は、ホートンに、デンマークのフォルケホイスコーレを訪問して答えを探すよう助言した。1931 年、ホートンはコペンハーゲンに赴き、ボーロップス・ホイスコーレでデンマーク語を学んだ後、凍える冬の中、自転車でデンマークを回り、ほかの学校を訪問した。旅の当初は、フォルケホイスコーレの根幹ではなく果実の一部だけを見ているようで不満だったが、ホートンは、やがて教師と生徒のあいだの相互作用というグルントヴィ思想に横たわる理念を学び、インスピレーションを得たのだった。

「私は、グルントヴィが預言的な洞察力を持った反逆者だとわかりました。貧しい人々や声なき人々に息を吹き込む支援者だとわかりました」

(マイルス・ホートン、1932 年、10 -Ⅷ)

　グルントヴィの研究に加えて、デンマークのフォルケホイスコーレを何度

も訪れ、協同組合運動を認識するようになったことで、ホートンは学校の実践をより深く理解するようになった。ホートンは自伝のなかで、特に学校での合唱、試験のない学習、国家の干渉を受けない学校経営という点を持ち帰ったと述べている。なかでも、エスビヤーのワーカーズ・カレッジ、ヘルシンガーのインターナショナル・ピープルズ・カレッジに感銘を受けたと記されている。

　1932年にアメリカに帰国したホートンは、さまざまな財団に連絡を取り、テネシー州モンテグルに、地元住民を意味する「ハイランダーズ」という呼称を借りて、ハイランダー・フォーク・スクールを設立することに成功した。7、8名のアシスタントを従えて、農民、ストライキ中の鉱山労働者、木材・繊維労働者などを対象に、数日から数カ月間のコースを開催し、「新しい社会秩序のための農村と産業のリーダーを育てる」ことに貢献したのである。グルントヴィからヒントを得て、この学校では試験のない講座を提供した。科目は、歴史、心理学、音楽、演劇、芸術、経済学、修辞学などで、社会的貧困に苦しむ参加者が、自分で問題を解決できるようになることを目的とした授業を展開した。

　第二次世界大戦後、ハイランダーは貧しい黒人労働者の教育にますます力を入れていった。1947年のハイランダーの学生の中には、フォークシンガーのピート・シーガー（1919-2014）がいた。シーガーは、ホートンの妻ジルフィアとともに、メソジストの古い讃美歌「いつの日か勝利を我に」（I'll Overcome Some Day）を「勝利を我等に」（We Shall Overcome）に変えた。この曲は後に、公民権運動のアンセムとなった。

　1950年代から1960年代にかけて、ハイランダーは、公民権を求めるアフリカ系アメリカ人の闘争に参加する学生たちにとって、重要な足がかりとなった。1955年、ハイランダーのサマースクールに参加した学生の中に、ローザ・パークス（1913-2005）がいた。その年の12月、アラバマ州モンゴメリーで、パークスが白人乗客に席を譲るよう要求された際、彼女はバスの後部座席への移動を拒否した。これが公民権運動のきっかけとなり、5万人もの人々がバスの乗車拒否を貫き、バスに乗らずに歩いた——これは実に381日間、続いた。

Highlander Research and Education Center/Shangri-La Entertainment/Ritzau Scanpix（Mary Evans/All Film Archive/The Weinstein Company）

マーティン・ルーサー・キング・ジュニア牧師、ピート・シーガー、チャリス・ホートン（マイルスの娘）、ローザ・パークス、ラルフ・アバナシー（1957年、テネシー州モンテグルのハイランダー・フォークスクールにて）。写真はハイランダーセンター。

　1950年代から1960年代にかけて、ハイランダーは、公民権運動の中心人物たちが、比較的安全な場所で議論を交わすことのできる場所のひとつとなった。彼らの中には、マーティン・ルーサー・キング・ジュニア牧師（1929－1968）がいた。キング牧師は、マイルス・ホートンと親交があり、グルントヴィの理念を、ホートンをとおして知ることとなった。
　ハイランダーでの「共産主義者」の活動を懸念した当局は、FBIが学校のファイルを作成したほどだった。1962年、当局はハイランダーを閉鎖した。しかし、翌年、ハイランダーは、ハイランダー研究教育センターとして再開

Bettmann/Contributor/Flickr/Penn State Special Collections（Getty Images）
前列の右から二番目にキング牧師が写った、1957年に撮影された有名写真には、前列の右から四番目にマイルス・ホートンが、六番目にはローザ・パークスが写っている。この写真は当初、ジョージア州教育委員会によって発表されたが、すぐに、アラバマ州セルマで、ハイランダー・スクールにいるキング牧師を脅迫し中傷するための広告看板として掲示された。

し、最初はノックスヴィルに、そして1971年にはスモーキーマウンテンの端にあるテネシー州ニューマーケットの現在の建物に移った。

　ハイランダーは、現在でも熱心な活動家のための学校であるが、1971年以降は、移民、民主主義、経済や環境問題、地域課題などにますます力を入れている。

　ホートンは自伝のなかで、グルントヴィの教育思想に出会った時のことを次のように記している。

第10章　世界のなかのグルントヴィ　　211

「彼は、生気のない、アカデミックな学校教育にとって代わる『生のための学校』を提唱した。デンマークの歴史と北欧神話の中に、自分のルーツを探すことで、学生の経験が呼び覚まされると彼は信じていた。人は、アイデンティティを自分の中に見いだすのではない。そうではなく、他者との関係において見いだすことができる。彼はまた、歌と詩をとおして、自分で気づかなかった真実を理解することができると信じていた。そして声を合わせて歌うことは人々にインスピレーションを与え、人と人が近づく効果をもつと信じていた」

(マイルス・ホートン、1932年、10-Ⅸ)

　私が著した本書がデンマークで印刷されたまさにその日、2019年3月29日にハイランダーの本館と資料館が焼失したというニュースが飛び込んできた。近くの駐車場に、白人至上主義のシンボルがスプレーされており、放火の疑いもあるという。「勝利を我等に」。この歌が、ハイランダーの未来への希望であることに変わりはない。

グローバルでユニバーサルなグルントヴィ

　しばしば、グルントヴィはデンマークらしさの真髄であり、徹頭徹尾デンマーク人である、と言われる。そして、多くのデンマーク人は、グルントヴィがあまりにデンマーク固有の存在であるため、外の世界に発信することなどできるはずがないと思い込んでいる。グルントヴィの文章や詩は不可解で、ほかの言語に翻訳することなど不可能だという人も多い。そのため、グルントヴィと同時代を生きた二人の人物、すなわち、童話作家のH. C. アンデルセンや哲学者のセーレン・キルケゴールに比べて、グルントヴィはデンマークの外ではほとんど知られていない。

　たしかにこのような主張にはいくらかの真実が含まれている。しかし、グルントヴィの伝説が世界に与えた影響を考慮すると、このようなイメージはけっして当たっていない。おそらくグルントヴィは、研究対象というよりも、

オープンマインドを示す実践として、あるいは解放の、対話の象徴として活用されてきたとは言えないだろうか。

　グルントヴィの思想のなかで、デンマークの外にも広がったもっとも重要な特徴は、自由や民衆の力、尊厳の獲得、学なき者たちへの教育、学校や協同組合の創設、母語や母語の文化を身につける権利を促進のためのさまざまな形の闘争であり、これらはすべて、権力の乱用、そして不適切で権威主義的なタイプの学校に対抗する思想である。同様に、グルントヴィによるキリスト教理解が影響を与えた地域では、アメリカのいくつかの地域における教会生活のように、グルントヴィの思想が、聖書に関するある種の保守的な見解に対する防波堤となってきた。

　グルントヴィの思想が世界各地でインスピレーションを与え続けていることは、意外に知られていない。今日、多くの国々では、グルントヴィがフォルケホイスコーレや信仰の自由についてのアイデアを練り上げる必要のあった社会状況からは、かけ離れている。時折、世界でのグルントヴィが、あまりにも理想化されすぎている様子に、苦笑してしまうこともある——例えば、彼の成し遂げたことはあまり知られていないのに、その精神がガンジーと並び称されるようなところでは。

　しかし、本書が示すように、キリスト教の信仰に基づいているとはいえ、グルントヴィの思想は、多くの点で実に普遍的である。グルントヴィのキリスト教に対する理解は、人間の生活における基本に対する深い普遍的な敬意と、それらをいかに機能させるかということに、すなわち、自由、愛、穏やかな啓蒙、そして相互承認に関わる。デンマーク人であれば自分のデンマークらしさに気づくべきだという訴えでさえも、普遍的な意味を持っている。彼の力強い声が、彼の死後も世界中の運動に意味を与え続ける理由は、ここにある。

　1993年、フィリピン生のための教育財団の創設者であり指導者であるエディシオ・デラトーレ（1943-）にインタビューを行った際、デラトーレは、グルントヴィに対する学恩を次のように表現した。

「グルントヴィが意味したことはまだよくわからないのですが、私の場合はこの言葉がきっかけで、より深く考えるようになりました。なぜ、生についての学校だけでなく、生のための学校が必要なのか？私自身は、グルントヴィとは、ルーツも文化も異なりますが、それでも突然、フレームワークを手に入れたように感じました。グルントヴィの名前は、いろいろな場面で耳にしていましたし、彼の思想にも気づかないうちにすでに出会っていました。今では、彼の考えが私を目覚めさせ、いたるところで目に入るようになったのです。普遍的な何かがそこにあるはずです」

(エディシオ・デラトーレ、1993年、10-X)

謝辞

　誰よりもまず、エドワード・ブロードブリッジに感謝します。彼の精力的で忍耐強い翻訳作業がなければ、本書が日の目を見ることはなかったでしょう。そして、キム・アルネ・ペダーセンに感謝します。何年にもわたって、特に本書を執筆中に、グルントヴィについて語り合うことができたのは、非常に貴重な経験でした。また、数々の助言、情報提供、支援をくださった以下の方々にも、心から感謝いたします。

　リセロッテ・ラーセン、クヌド・アイヴィン・ブッゲ、デイヴィド・フォッセン、マーク・ブラットショー・バスビー、マーク・マテス、スネ・オーケン、グンヒルド・スコウマン、トアステイン・バッレ、サラ・スコウボー・モルテンセン、トア・ヴェスト・ニールセン、ヨアン・ラスク、イングリド・アンク、リンダ・ウッドヘッド、ビアギッテ・ストックルンド・ラーセン、ヘンリク・ブレズモーセ・シモンセン、キアステン・ブッシュ・ニールセン、マリーネ・リンゴード・ローレンセン、ティネ・リー、ハンナ・ブロードブリッジ、アネマリ・シュルツ-ローレンツェン、ユッタ・ボイセン-ミュラー、ハンス・ヘンリク・イエルミッツレウ、マリ・プレストホルム、イエンス・ピーター・シェッツ、ステフェン・キャルゴール-ペダセン、ミカエル・シェルデ、クルト・E・ラーセン、アンネ・ラーベック、イエス・ファブリシウス・ミュラー、ラース・ホルム、カリン・ホルム、クラウス・ニールセン、ヤコブ・ホルム、キアステン・M・アナセン、ヨアキム・ユエル・ヴェーデル、ポウル・ストーゴー・ミケルセン、ニルス・ヨアン・カッペレーン、ベアテル・ホーダー、アンネ・ベナゴー、ヘイディ・クレ・アナセン、アニータ・コルトフト・ハンセン、エリーセ・リーサー、アントラ・カールセン、アショケ・バッチャーヤ、クレイ・ワレン、シウネ・スナビュー、クリスティーネ・シェッラー・ヒョルト、ドーン・J・マーフィー、エディコ・デラ・トッレ、ウェ

ン・ジ、ヘジン・チャン、ヨノ・オー、ヤノス・トス、ジャヤラム・レグー・ラマ・ダス、ヨアン・ラスク、ジョイ・イプセン、ユルキ・イジャス、カチ・オズムバ、メラニー・レネハン、坂口緑、清水満、小池直人、セーレン・ラウンベルク、スヌーヴェ・サクラ・ヘッゲム、タンヴィール・モカンメル、トーマス・ローゼングレン、ヴィッキー・エイベン、メアリー・カッタニー、カトリーネ・フレンケア・バウンヴィク。

　第10章の執筆に関しては、2018年ロンドンで開催された国際会議「生ける者の地で（Lands of the Living）」からインスピレーションを得た。サムフォード大学のマーク・ブラッドショー・バスビー教授とともに、この国際会議を主催できたことを光栄に思う。ここに言及した多くの方が集まってくださった国際会議は、アメリカ合衆国アラバマ州バーミンガムにあるサムフォード大学の財政的支援によって可能となった。サムフォード大学、とりわけウィリアムE.とワイロダインH.ハル財団に感謝の意を表したい。

　最後に、コペンハーゲン大学神学部の同僚たち、そしてグルントヴィ・センターからの、さまざまなサポートに心から感謝申し上げる。

年表

国内外のおもなできごと	グルントヴィの生涯	本書に出てくるテキスト
	1783：9月8日ウズビュ（Udby）の牧師館で生まれる	
1788：農奴制の廃止 1789：フランス革命		
	1792-98：チュレゴー（Thyregod）の知人の家に滞在し、ラテン学校への進学を準備する 1789-1800：オーフスカテドラル学校で学ぶ	
1801：コペンハーゲンの海戦		
1802-03：ヘンリーク・ステフェンスの連続講義	1803：コペンハーゲン大学で神学を修める	
	1805-08：ランゲラン島（Langeland）のエーレッケの荘園での家庭教師	1805：Dagbogsuddrag fra Egeløkke（「エーレッケでの日記からの抜粋」）
1807：英艦隊によるコペンハーゲン砲撃事件	1808-10：コペンハーゲンにあるギムナジウム、シュウボーエ学院（Schouboeske Institut）にて歴史と地理を教える	1808：Gunderslev Skov（「ギュナスレウの森」） 1808：Nordens Mytologi（『北欧神話論』）
	1810：牧師職の試験となる説教 1810：宗教的危機 1811-13：ウズビュで父の代理牧師を務める 1813：グルントヴィの父逝去	1810：Hvi er Herrens Ord forsvundet af hans Hus?（「なぜ主のことばは彼の家から消えたのか」） 1811：Strandbakken ved Egeløkke（『エーレッケの岸辺の丘』）
1813：ナポレオン失脚 1814：ノルウェーがスウェーデンへと割譲される 1815：ウィーン会議	1813-21：コペンハーゲンにて作家および論客として活躍	
	1816-1819：雑誌『デーンの防塁（Danne-Virke）』発行	1816：Efterklang til Bruneborg-Slaget（「ブルンブーフの闘争への反響」）
1817：宗教改革300周年		1817：Paaske-Lilien（「イースターの百合」） 1817：Bjarkemaalets Efterklang（「ビャルケの呼びかけの反響」）

国内外のおもなできごと	グルントヴィの生涯	本書に出てくるテキスト
	1818：リセ・ブリヒャーと結婚 ヨハン（1822-1907）、スヴェン（1824-1883）、メタ（1827-1887）が生まれる	
		1820：*Langt høiere Bjerge*（「はるかに高い山々」）
	1821-22：プレストー（Præstø）で牧師を務める	
	1822-26：コペンハーゲン救世主教会の牧師を務める	1824：*De Levendes Land*（「生きいきとした人々の国」） 1824：*Nyaars-Morgen*（「元旦」） 1824：*Velkommen igjen Guds Engle smaa*（「神の天使たちを再び迎え」）
	1825：「比類ない発見」 1826：H.N. クラウセンによる名誉毀損の訴え。著作物の検閲を受ける（-1837） 1826-39：所属教会を失う	1825：*Kirkens Gienmæle*（『教会の応酬』） 1826-27：*Om Christendommens Sandhed*（『キリスト教の真理』） 1827：*Om Religionsfrihed*（「宗教自由について」）
1830：フランス七月革命	1832年以降、洗礼と聖餐の権限をもたずに牧会を行う牧師として活動 1826-39：古英語を学ぶために3度にわたり英国に渡航	1832：*Nordens Mythologi* (2.udg.)（『北欧神話論』第二版）
1834：身分制地方議会の設立 1836：デンマークにおける宗教改革から300年		1833-1856：*Handbog I Verdens-Historien*（『世界史ハンドブック』）
	1837：『デンマーク国教会のための讃美集』の刊行開始	
	1838：講演『生ける記憶のなかで』1788-1858 1839：コペンハーゲンにあるヴァルトウ（Vartov）病院教会の牧師を務める	1838：*Mands Minde*（『生ける記憶のなかで』） 1838：*Skolen for Livet og Akademiet i Soer*（「生のための学校とソーアのアカデミー」） 1839：*Konge-Haand og Folke-Stemme*（「国王と民衆」） 1839：*Er Lyset for de lærde blot*（「綴りの正誤は光か」）
1842：オーラ・レーマンの講演「デンマークはアイダー川まで」		

国内外のおもなできごと	グルントヴィの生涯	本書に出てくるテキスト
1844：スカムリンの丘での集会 1844：南ユラン半島にてレディン・ホイスコーレ（Rødding højskole）の創設	1844：鬱病	
1848：デンマークおよびヨーロッパにおける三月革命 1848-1851：三年戦争 1849：6月5日憲法制定	1848-49：憲法制定議会の議員を務める 1849-58：デンマーク議会下院議員を務める	1848-51：*Danskeren*（『デンマーク人』） 1848：*Folkeligt skal alt nu være*（「『国民的』（フォルケリ）こそ我等の合言葉」） 1849：*Udtalelse om religionsfrihe I Den grundlovgivende Rigsforsamling*（「憲法制定議会における信仰の自由についての発言」） 1849：*Udtalelse om Fattige*（「憲法制定会議への貧しい人たちについての言及」）
1851：リュスリンゲ（Ryslinge）にてクリステン・コルによるホイスコーレの設立	1851：1月リセ・グルントヴィ逝去 1851：10月にマリエ・トフトと結婚 フレゼリーク・ランゲ（1854-1903）が生まれる	
		1853：*I al sin Glands nu straaler Solen*（「太陽は今つややかに輝く」）
	1854：マリエ逝去	
1854-55：セーレン・キェルケゴールがデンマーク国教会を批判	1856：マリエリュスト・ホイスコーレ（グルントヴィホイスコーレ）設立 1858：アスタ・リーツと結婚 アスタ・マリエ（1860-1939）が生まれる 1863-72：グルントヴィの誕生日に友人たちが集まる	1857：*Marielysttale*（『マリエリュストでの講話』）
1864：プロイセンとの戦争で敗北し、シュレースヴィ・ホルシュタインを失う		
1866：憲法改正	1866：デンマーク議会上院議員 1867：精神疾患	
1868：選挙区法制定 1871：ドイツ統一		
	1872：グルントヴィ逝去	

参考文献一覧

（括弧内は和訳を対応させ、邦訳がある場合、それを掲げた。）

〈N.F.S. グルントヴィ英訳選集、全 5 巻〉

1. Broadbridge, E. (tras. & ed.), co-edited by C. Warren, and U. Jonas, *the School for Life*, N. F. S. Grundtvig on Education for the People, Aarhus, Aarhus University Press, 2011（E．ブロードブリッジ編訳／C. ワレン、J. ヨナス共同編集『生のための学校──N. F. S. グルントヴィの民衆教育について』オーフス、オーフス大学出版 2011）
2. Broadbridge, E. (tras. & ed.), *Living Wellsprings. The Hymns, Songs and Poems of N. F. S. Grundtvig*, Aarhus, Aarhus University Press, 2015（E. ブロードブリッジ編訳『生ける泉──N. F. S. グルントヴィの讃美歌、詩歌集』オーフス、オーフス大学出版、2015）
3. Broadbridge, E. (tras. & ed.), *Human Comes First, The Christian Theology of N. F. S. Grundtvig*, Aarhus, Aarhus University Press, 2018（E. ブロードブリッジ編訳『最初は人間──N. F. S. グルントヴィのキリスト教神学』オーフス、オーフス大学出版、2018）
4. Broadbridge, E. (tras. & ed.), co-edited by Ove Kaarsgaard, *The Common Good. N. F. S. Grundtvig as Politician and Contemporary Historian*, Aarhus, Aarhus University Press, 2019（E．ブロードブリッジ編訳／O. コースゴー共同編集『共通善──政治家、同時代史家としてのN. F. S. グルントヴィ』オーフス、オーフス大学出版、2019）
5. Broadbridge, E. (tras. & ed.), The Core of Learning. N. F. S. Grundtvig's Philosophical Writings, Aarhus, Aarhus University Press, 2021（E. ブロードブリッジ編訳『学芸の核心──N. F. S. グルントヴィの哲学的著作集』オーフス、オーフス大学出版、2021）

〈個別英訳著作〉

・Bradley, S. A. J., A letter home: Grundtvig in Cambridge to his wife Lise, June 1831, *Grundtvig Studier* 2002（ブラッドレイ、S. A. J.「家族への手紙──ケンブリッジのグルントヴィから妻リセへ（1831 年 6 月）」『グルントヴィ研究』2002）
・Bradley, S. A. J., The Land of the Living, *Grundtvig Studier* 2002（ブラッドレイ、S.A. J.「生き生きとした人々の国」『グルントヴィ研究』2002）
・Bradley, S. A. J., (tras. & ed.), *N. F. S. Grundtvig. A Life Recalled: An anthology of biographical source-texts, Aarhus*, Aarhus University Press, 2008 (Contains annotated memoirs by and about Grundtvig and comprehensive Grundtvig index)（ブラッドレイ、

S. A. J. 編訳『N. F. S. グルントヴィの生涯と思い出——文献的資料によるアンソロジー』オーフス、オーフス大学出版 2008 年：グルントヴィと包括的グルントヴィ著作目録にもとづく注釈付き回想）

・Broadbridge, E., *Hymns in English*, Copenhagen, Det Kgl. Vajsenhus' Forlag 2009 (Contains 20 hymns by Grundtvig, all included in Living Wellsprings 2015)（E. ブロードブリッジ『英語での讃美歌』コペンハーゲン、デンマーク国立図書館ヴァイセンフス書店、2009 年：グルントヴィの 20 編の讃美歌を含むが、それらは英訳選集 3 の『生ける泉』に所収）

・Jensen, N. L. (tras. & ed.)/ Broadbridge (tras.), et al., *A Grundtvig Anthology: Selection from the Writings of N. F. S. Grundtvig (1783-1872)*, Cambridge, James Clark and Co. 1984（イェンセン、N. L. 編訳、ブロードブリッジほか訳『N. F. S. グルントヴィ (1783-1872) 選集』、ケンブリッジ、ジェームズ・クラーク社、1984）

・Knudsen, J. (tras. & ed.), *Selected Writings: N. F. S. Grundtvig*, Philadelphia, Fortress Press 1976 (Includes sections on the Church, Christian Life, and Human Living: six sermons; 24 selected hymns and Poems; and educational Writings)（クヌズセン、J. 編訳『N. F. S. グルントヴィ選集』フィラデルフィア、フォートレス出版 1976 年：教会、キリスト者の生、人生、六つ講話に関する断片を含む）

・Lawson, M. (tras. & ed.), *N. F. S. Grundtvig: Selected Educational Writings*. Skive, The International People's College and the Association of Folk High Schools in Denmark, 1991（ローソン、M. 編訳『N. F. S. グルントヴィ教育論選集』スキーウ、インターナショナル・ホイスコーレ（IPS）／デンマーク・フォルケホイスコーレ協会による出版、1991）

・Nielsen, E. D. (tras. & ed.), *What Constitutes Authentic Christianity?*, Philadelphia, Fortress Press 1985 (A translation of Om sande Kristendom 1826)（ニールセン、E. D. 編訳『真のキリスト教とは何か』フィラデルフィア、フォートレス出版、1985 年：グルントヴィ『真のキリスト教について（1826）』の英訳）

・Petersen, K. S. (tras. & ed.), *New Year's Morning: 1824*, Copenhagen, Forlaget Vartov, 2009 (A bi-lingual version of Grundtvig's 312-stanza poem)（ペーターセン、K.S. 編訳『1824 年元旦』コペンハーゲン、ヴァルトウ書店、2009 年：グルントヴィの 312 連の詩のバイリンガル版）

〈グルントヴィ関連の英訳書および英訳論文〉

・Allchin, A. M., Jasper, D., Schjørring, J. H. and Stevenson, K. (ed.), *Heritage and Prophecy:Grundtvig and English-Speaking World*, Aarhus, Aarhus University Press 1993.（アルキン、A. M. ／ヤスパー、J. ／シェルリン、J. H. ／ステウェンソン、K. 編

『遺産と予言——グルントヴィと英語圏世界』オーフス、オーフス大学出版、1993）
- Allchin, A. M., *N. F. S. Grundtvig: An Introduction to his Life and Work*, Aarhus, AarhusUniversity Press 1997（アルキン、A. M.『N. F. S. グルントヴィ——生涯と著作』オーフス、オーフス大学出版、1997）
- Allchin, A. M., Bradley, S., Hjelm N. & Schjørring, J. H. (eds.), *Grundtvig in International Perspective: Studies in the Creativity of Interaction*, Aarhus, Aarhus University Press 2000.（アルキン、A. M.／ブラッドレイ、S.／イェルム N.／シェルリン、J. H. 編『国際的視座から見たグルントヴィ——相互交流の創造性による研究』オーフス、オーフス大学出版、2000）
- Allen, E., *Biskop Grundtvig: a Profet of the North*, London. James Clarke & Co. 1949（アレン、E.『北欧の予言者グルントヴィ監督』、ロンドン、ジェームズ・クラーク社、1949）
- Betrup, H., Lund, H. & Manniche, P., *The Folk High Schools of Denmark and the Development of a Farming Community*, Oxford, Oxford University Press 1926（ベートルップ、H.／マニチェ、P.『デンマークのフォルケホイスコーレと農業コミュニティの発展』オックスフォード、オックスフォード大学出版、1926）
- Bhattacharya, A., Education for the People: Concepts of Grundtvig, Tagore, Gandihi, and Freire, *International Issues in Adult Education* Vol.4, Rotterdam, Sense Publishers 2010（バッタチャラヤ、A .「グルントヴィ、ダコール、ガンディー、フレイレの民衆教育観」『成人教育における国際論集』第四号、ロッテルダム、センス書店、2010）
- Borish, S., *The Land of the Living: The Danish Folk High School and Denmark's Non Violent Path to Modernization*, Nevada City, Blue Dolphin Press 1991（邦訳：ボリッシュ、S.『生者の国』難波克彰・福井信子監訳、新評論、2011）
- Bugge, K., *Folk High Schools in Bangladesh*, Odense University Press 2001（ブッゲ、K.『バングラデシュのフォルケホイスコーレ』オーデンセ大学出版、2000）
- Busbee, Mark Bradshaw (intro.), Voices from "Lands of the Living": Summaries and Conclusions from the 2018 Symposium in the International Influence of N. F. S. Grundtvig, in: *Grundtvig Studier* 2018（ブセー、マーク・ブラッドシャウ序文「生き生きとした人々の国々から届く声——2018 年 N. F. S. グルントヴィの国際的影響についてのシンポジウムの要旨と結論」『グルントヴィ研究』2018 年所収）
- Campbell, O. , *The Danish Folk High School : Its Influence in the Life of Denmark and the North*, New York, Macmillan 1928（キャンベル、O.『デンマークのフォルケホイスコーレ——デンマークと北欧の生活への影響』ニューヨーク、マクミラン、1928）
- Carlsen, A. (ed.), *Grundtvig and Europe*, Copenhagen, Gunbak Paperbacks 1999（カールセン、A. 編『グルントヴィとヨーロッパ』コペンハーゲン、ガンバック文庫、1999）
- Coady, M., *Masters of their own Destiny: The Story of the Antigonish Movement of Adult*

Education through Economic Cooperation, New York, Harper and Brothers 1939（コーディー、M.『自分たちの運命の主人――経済協力を通じた成人教育という反逆運動の物語』ニューヨーク、ハーパー・アンド・ブラザース、1939）
- Danish Cultural Institute, *Grundtvig's Ideas in North America. Influences and Parallels*, Copenhagen, Danish Cultural Institute 1983 (Conference papers)（デンマーク文化研究所『北アメリカにおけるグルントヴィの思想――その影響と類似思想』コペンハーゲン、デンマーク文化研究所、1983年：国際会議論集）
- Davies, N., *Education for Life, a Danish Pioneer*, London, William & Norgate 1931（ダヴィース、N.『生のための教育――デンマークの先駆者』ロンドン、ウイリアム&ノアゲート、1931）
- dela Torre, E., *Theological and Political Reflection on the Philippine Struggle on the Philippine*, Socio-Pastoral Institute 1986（デラ・トッレ、E.『フィリピンにおけるフィリピン闘争についての神学的、政治的考察』社会牧師研究所、1986）
- *Grundtvig Studier*, An Annual Journal, Publishes by the Grundtvig Society since 1948（年誌『グルントヴィ研究』1948年以降のグルントヴィ協会による出版）
- Hall, J. A., Korsgaard, O. and Pedersen O. K. (eds.), *Building Nation, N. F. S. Grundtvig and National Identity*, Copenhagen, Djøf Publishing 2014（ホール、J. A.／コースゴー、O.／ペーダセン、O. K. 編『国民形成―― N. F. S. グルントヴィとナショナル・アイデンティティー』コペンハーゲン、デフ出版、2014）
- Hart, J., *Light from the North: The Danish Folk High Schools, their Meanings for America*, New York, Doubleday 1990（ハート、J.『北欧の光――デンマークのフォルケホイスコーレ、そのアメリカにとっての意義』ニューヨーク、ドーブルデイ、1990）
- Horton, M. (with J. and H. Kohl), *The Long Haul: Autobiography*, New York, Doubleday 1990（ホートン、M.／J. and H. コール『長い綱引き――自伝』ニューヨーク、ドーブルデイ、1990）
- Jamal, Ahmed A., *Life, Livelihood and Dreams*, Protiggaya Parishad 2008（ジャーマル、アーメッド、A.『生涯、生計、夢』バングラシュ、プロッティガヤ・ユニオン、2008）
- Knudsen, J., Danish Rebel: *A Study of N. F. S. Grundtvig*, Philadelphia, Muhlenberg Press 1985（クヌッズセン、J.『デンマークの反逆者―― N. F. S. グルントヴィの研究』フィラデルフィア、ムーレンベルク出版、1985）
- Koch, H. (trans. & ed. Johnes, L.), *Grundtvig* (orig. Danish by Hoch, H. 1943), Yellow Springs, Ohio, Antioch Press 1952（邦訳：コック、H.『グルントヴィ』小池直人訳、風媒社、2007）
- Korsgaard, O., *N. F. S. Grundtvig as a Political Thinker*, Copenhagen, Djøf Publishing 2014（邦訳：コースゴー、O.『政治思想家としてのグルントヴィ』清水満訳、新評論、

参考文献一覧

2016)

- Kulich, J., *Grundvig's Educational Ideas in Central and Easten Europe and the Baltic States in the Twentieth Century*, Copenhagen, Forlaget Vartov 2002（クーリッチ、J.『二〇世紀の中東欧、バルチック諸国におけるグルントヴィの教育思想』コペンハーゲン、ヴァルトウ書店、2002）
- Lindhart, P. G., *Grundtvig, an Introduction*, London SPCK 1951（リントハルト、P. G.『グルントヴィ入門』ロンドン、ＳＰＣＫ、1951）
- Manniche, P., & Kjaer, J., *Rural Development in Denmark and the Changing Countries of the World: A Study of Danish Rural Conditions and the Folk High Schools with Special Relevance to the Developing Countries*, Copenhagen, Borgen 1978（マニチェ、P.／クヤー、J.『デンマークの地方発展と世界諸国の変革──発展途上国に特別に関係するデンマークの地方的諸状況とフォルケホイスコーレの研究』コペンハーゲン、ボルゲン、1978）
- Matsumae, S., *In Search of the Culture of Scandinavia*, Tokai University Press 1987（松前重義『スカンディナヴィア文化研究』東海大学出版、1987）
- Mortensen, E., *Schools for Life: The Grundtvigian Folk High School in America*, Askov, Minnesota, Danish-American Heritage Society. American Publishing Co. 1977（モルテンセン、E.『生のための学校──アメリカにおけるグルントヴィ派フォルケホイスコーレ』アスコウ、ミネソタ、デンマーク・アメリカの遺産協会、アメリカ出版社、1977）
- Nielsen, E., *N. F. S. Grundtvig: An American Study*, Rock Island, Illinois, Augustana Press 1974（ニールセン、E.『N. F. S. グルントヴィ──アメリカ研究』ロック・アイランド、イリノワ、アウグスタナ出版）
- Paulston, R. G., *Folk High School in Social Change: A partisan Guide to the International Literature*, Pittsburgh, University of Pittsburgh Press 1974（ポールストン、R. G.『社会転換のなかのフォルケホイスコーレ──国際文学への党派的ガイド』ピッツバーグ、ピッツバーグ大学出版、1974）
- Simon, E. (trans. Park, K.), *And the Sun Rises with the Farmer. The Philosophical History of the Nordic Folk High School*, Askov, Denmark, Askov Højskoles Forlag 1989（サイモン、E. 著／パーク、K. 訳『そして陽光は農民とともに昇る──北欧のフォルケホイスコーレの哲学的歴史』アスコウ、デンマーク、アスコウ・ホイスコーレ出版、1989）
- Spicer, C. (ed.), *Lifted by the Heart, Writings from "Option"* (Journal of the Folk Education Association of America), Nyack, New York, Circumstantial Productions 2009（スピーサー、C. 編『心による高揚──「オプション」著作集』ニュアック、ニューヨーク、サーカムスタンシャル・プロダクション、2009）
- Stewart, D. W., *Adult Learning in America: Edward Linderman and his Agenda for Lifelong Education*, Malabar, Florida, Krieger 1987（スチュワート、D. W.『アメリカに

おける成人学習――エドワード・リンダーマンと彼の生涯教育アジェンダ』マラバー、フロリダ、クリーガー、1987)
- Thaning, K. (trans. Hohnen, D.), *N. F. S. Grundtvig*, Ordense, Danish Ctultural Institute 1972（タニング、K.（ホーネン D. 訳）『北方の思想家グルントヴィ』渡部光男訳、杉山書店、1987)
- Thodberg, C. & Thyssen, A. (eds.), *N. F. S. Grundtvig: Traditional and Renewal.* Copenhagen, Danish Cultural Institute 1983（トルベア , C. ／チュッセン、A. 編『N. F. S. グルントヴィ――伝統と革新』コペンハーゲン、デンマーク文化研究所、1983)
- Warren, C. (int. and ed.), *Democracy is Born in Conversations: Recreating N. F. S. Grundtvig for Lifelong Learners Around the World*, Nyack, New York, Circumstantial Productions Publishing & Folk Education Association of America 1998（ワレン , C. 序文および編集『民主主義は会話によって生まれた――世界中の生涯学習者のための N. F. S. グルントヴィの復活』ニューヨーク、サーカムスタンシャル・プロダクション、1998)
- Zøller, L., *Grundtvig's Educational Ideas in Japan, the Philippines, and Islael*, Vejle, Denmark Kroghs Forlag 1994（ツェラー、L.『日本、フィリピン、イスラエルにおけるグルントヴィの教育思想』ヴァイレ、デンマーク、クロー書店、1994)
- Zøller, L. & Andersen, A., *Enlightenment in an International Perspective*, Vejle, Denmark Kroghs Forlag 1995（ツェラー、L. ／アナセン、A.『国際的視点における啓蒙』ヴァイレ、デンマーク、クロー書店、1995)

〈関連するデンマーク語重要文献〉
- Abrahamowiz, F., *Grundtvig, Danmark til Lykke, En biografi*, Copenhagen, Høst og Søn 2003（アブラハモヴィッツ、F.『グルントヴィ伝――デンマークの幸い』コペンハーゲン、ヘスト・オウ・セン、2003)
- Auken, S., *Sagas Spejl. Mytologi, histori og kristendom hos N. F. S. Grundtvig*, Copenhagen, Gyldendal 2005（オウケン、S.『サガの鏡―― N. F. S. グルントヴィにおける神話、歴史、キリスト教』ギュレナル、1995)
- Auken, S. og Sunesen, C., *Ved lejlighed. Grundtvig og genrerne*, Copenhagen, Forlaget Spring 2014（オウケン、S. ／スネセン、C.『折にふれて――グルントヴィとその諸ジャンル』コペンハーゲン、スプリング書店、2014)
- Bjerg, S., *Gud først og sidst. Grundtvigs teologi - en læsning af Den christelig Børnelærdom*, Copenhagen, Forlaget Anis 2002（ビャーオ、S.『神に徹するグルントヴィ神学――キリスト教の児童教程』コペンハーゲン、アニス書店、2002)
- Bugge, K. E., *Skolen for Livet. Studier over N. F. S. Grundtvigs pædgogiske tanker*, Copenhagen, G. F. C. Gads Forlag 1965（ブッゲ、K. E.『生のための学校―― N. F. S. グ

ルントヴィの教育思想』コペンハーゲン、C. F. C. ガッズ書店、1965）
- Holm, A., *Grundtvig: En Introduktion*, Aarhus, FILO 2018（ホルム、A.『概説グルントヴィ』オーフス、FILO、2018 年：本訳書のデンマーク語原典）
- Holm, A., *Grundtvig: En Introduktion og tekster*, Aarhus, FILO 2012（ホルム、A.『グルントヴィ案内とテクスト』オーフス、FILO、2012）
- Holm, A., *To Samtidige. Kierkegaards og Grundtvigs kritik af hinanden*, Copenhagen, Anis 2009（ホルム，A.『キルケゴールとグルントヴィ——同時代思想家の相互批判』コペンハーゲン、アニス、2009）
- Korsgaard, O., *Kampen om folket. Et dannnelsesperspektiv på dansk historie gennem 500 år*, Copenhagen, Gyldendal 2004（コースゴー，O.『民衆をめぐる闘争——デンマーク史500年の人間形成の視点』コペンハーゲン、ギュレナル、2004）
- Korsgaard, O., *Grundtvig Rundt. En guide*, Copenhagen, Gyldendal 2018（コースゴー，O.『グルントヴィの周辺案内』コペンハーゲン、ギュレナル、2018）
- Lundgreen-Nielsen, F., *Det handlende ord. N. F. S. Grundtvigs digtning, litteraturkritike og poetik 1798-1819*, Copenhagen, Gads Forlag 1980（ルングリーン・ニールセン、F.『行動することば——N. F. S. グルントヴィの詩作、文学批判、制作活動』コペンハーゲン、ガッズ書店、1980）
- Lundgreen-Nielsen, F., "*Grundtvig og danskhed*" in *Dansk identitetshistorie*, vol.3 ed. Ole Feldbæk, C. A. Reizels forlag 1992（ルングリーン‐ニールセン、F.『デンマーク・アイデンティティーの歴史における「グルントヴィとデンマークらしさ」』第3巻、オーレ・フェルベック編、C. A. ライツエル書店、1992）
- Møller, J. F., *Grundtvigianisme i det 20. århundrede*, Copenhagen, Vartovs Forlag、2003（メラー、J. F.『20世紀のグルントヴィ主義』コペンハーゲン、ヴァルトウ書店、2003）
- Møller, J. F., *Grundtvigs død*, Aarhus Universitetsforlag, 2019（メラー、J. F.『グルントヴィの死』オーフス大学出版、2019）
- Pedersen, K. A., "Grundtvig på anklagebænken En redegørelse for hovedlinjer i de sidste ti års danske Grundtvig-reception og deres forhold til central motiver i Grundtvigs forfatterskab og dets virkningshistorie", i: Grundtvig Studier, 2002（ペーダセン、K. A.「試練のなかのグルントヴィ——この10年のデンマークのグルントヴィ受容の基調とそのグルントヴィの作家活動及びその影響における中心的モティーフとの関係」『グルントヴィ研究』、2002年所収）
- Schelde, M. & Korsgaard, O., *Samfundsbyggeren-artikler om Grundtvigs samfundstænkning*, Aarhus, Forlaget Anis 2013（シェルレ、M./コースゴー、O.『社会構築者——グルントヴィの社会思想研究』オーフス、アニス書店、2013）
- Somonsen, H. B., *Kampen om Danskheden, Tro og Nationalitet i danske kirkesamfund i*

Amerika, Aarhus, Aarhus Universitetsforlag, 1990（ソモンセン、H. B.『アメリカのデンマーク教会コミュニティにおけるデンマークらしさ、信仰、国民性をめぐる闘争』オーフス、オーフス大学出版、1990）
・Thodberg, C. og Thyssen, A. P. (red.), *Grundtvig og grundvigianismen i nyt lys*, Aarhus, Forlaget Anis 1983（トルベア、C.／チュッセン、A. P. 編『新たな光のなかのグルントヴィとグルントヴィ主義』オーフス、アニス書店、1983）
・Vind, O., *Grundtvigs historiefilosofi*, Copenhagen, Gyldendal 1999（ヴィン、O.『グルントヴィの歴史哲学』コペンハーゲン、ギュレナル、1999）
・Zøller, L., *Grundtvigs skoletanker i USA, Argentina og Chili*. Vejle, Denmark, Kroghs Forlag 1997（ツェラー、L.『合衆国、アルゼンチン、チリにおけるグルントヴィの学校思想』ヴァイレ、クロー書店、1997）

引用リスト

原文は、2018 年時点でのグルントヴィ著作集の現代学術版（www.grundtvigsvaerker. dk）、または、グルントヴィのテキストの初版をできる限り使用して、翻訳している。

1- Ⅰ : Nordens Mytologi eller Udsigt og Eddalæren for dannede mænd der ei selv ere Mytologer, Copenhagen, J. H. Schubothes Forlag 1808, p. 192.
1- Ⅱ : Statsmæssig Oplysning- udkast om samfund og skole (1834), ed. Selskabet for Dansk Skolehistorie by K. E. Bugge og Vilhelm Nielsen, Nyt Nordisk Forlag Arnold Busck. 1983. p.31.
1- Ⅲ : Nordens Mythologi eller Sindbilled-Sprog, Copenhagen, J. H. Schubothes Boghandling 1832, p. 26.
2- Ⅰ : Maskeradeballet i Dannemark 1808, Copenhagen, Andreas Seidelin 1808. pp. 19-20.
2- Ⅱ : "Brevveksling mellem Nørrejylland og Christianshavn." in Nik.Fred. Sev. Grundtvigs udvalgte skrifter.ed. Holger Begtrup,vol.4, Copenhagen, Gyldendalske Boghandel. Nordisk Forlag1906, p.231.
2- Ⅲ : Danskeren I-IV. Copenhagen 1848, vol. 3, Copenhagen,j.D. Quist 1850, p. 247.
3- Ⅰ : "Menneske først" in Salmer og Aandelige Sange. Copenhagen, Karl Schønberg 1881, p. 44.
3- Ⅱ : "Brevveksling mellem Nørrejylland og Christianshavn" in Nik.Fred. Sev. Grundtvigs udvalgte skrifter, ed. Holger Begtrup. 4. Bind, Copenhagen, Gyldendalske Boghandel, Nordisk Forlag 1906, p. 232-33.
3- Ⅲ : Kirkelig Samler, vol. 3, Copenhagen, lversens Forlag, 1857, p. 198.
3- Ⅳ : Nyaars-Morgen. Et Rim, Copenhagen, Jens Hostrup Schultz, 1824, p. 21
3- Ⅴ : Edmund William Gosse: Two Visits to Denmark-1872, 1874. London, Smith. Elder & Co1911. pp. 78-87.
4- Ⅰ : "Lidet om Jesu Christi Aabenbaring ved Apostlen Johannes" in Grundtvig-Studier 1956, p. 66.
4- Ⅱ : "Om Krønikens Dyrkning" in Danne Virke, et Tids-Skrift.Bind 1. Copenhagen. 1816. Schiødtz og Mandra, p. 309.
4- Ⅲ : Udsigt over Verdens-Krøniken fornemmelig i det Lutherske Tidsrum. Copenhagen, Andreas Seidelin 1817. p. I.

4- Ⅳ : "Efterklang (til Thyre Dannebods Vise)" in Danne-Virke, et Tids-Skrift af N. F. S. Grundtvig. Bind 2, Copenhagen. Schiødtz og Mandra 1817. 9-10.
5- Ⅰ : Ved lndvielsen af Skolen i Sjolte i Snesere Sogn ved Præstø. 25 de Juli 1856, Copenhagen. Thieles Bogtrykkeri 1856. p. 2.
5- Ⅱ : Skolen for Livet og Academiet i Soer borgerlig betragtet, Copenhagen, Wahlske BoghandeJ 1838, p. 55.
5- Ⅲ : Appeal for, and Concept of. a Danish High School in Sorø. Copenhagen. Wahlske Boghandlings Forlag 1840, p. 20.
6- Ⅰ : Nordisk Kirke-Tidende nr. 44. 1836. col. 691.
6- Ⅱ : "Den signede Dag med Fryd vi ser" in Danske Høitids-Psalmer til Tusindaars-Festen, Copenhagen, Wahlske Boghandlings Forlag 1826, p. 3.
6- Ⅲ : "At sige Verden ret Farvel" in Kirke-Psalmer udgivne til Prøve. Copen hagen, C.A. Reitzels Forlag 1845. p. 51.
7- Ⅰ : Beretning om Forhandlingerne på Rigsdagen, 1849. No. 388, col. 3070.
7- Ⅱ : Mands-Minde 1788-1838. Copenhagen. Carl Schønbergs Forlag 1877. Uddrag fra forelæsning nr. XX Ⅲ .den 21de September. p. 254.
7- Ⅲ : Om Religions-Forfølgelse, Copenhagen, Wahlske Boghandlings Forlag 1842, p. 4.
7- Ⅳ : Beretning om Forhandlingerne pd Rigsdagen, 1848. No. 62, col. 461-62.
8- Ⅰ : Danne-Virke, et Tids-Skrift, Bind 1. Copenhagen, 1816, Schiødtz og Mandra, p. Ⅳ.
8- Ⅱ : Skolen for Livet og Academiet i Soer borgerlig betragtet, Copenhagen. Wahlske Boghandel 1838, 3-4.
8- Ⅲ : Haandbog i Verdens-Historien. Efter de bedste kilder Ⅰ - Ⅲ , Copenhagen,J.H. Schubothes Boghandling 1843. Bind Ⅲ . p. 2.
9- Ⅰ : Georg Brandes. 1902, Politiske artikler og taler, Udvalgte skrifter, vol. 9. Copenhagen Tiderne Skifter 1987, p. 21.
9- Ⅱ : Birthe Rønn Hornbech, 2008. Kristeligt Dagblad, 9th May 2008.
9- Ⅲ : Jesper Langballe, 2003. Kristeligt Dagblad, 15th July 2003.
9- Ⅳ : Marianne Jelved. 2005. Nordjyske, 13th 2005.
9- Ⅴ : Ida Auken. 2006, " Jagten på Grundtvig" in Dansk Kirketidende, 10th February 3/2006, p. 86.
9- Ⅵ : Bertel Haarder. 2003. Kristeligt Dagblad, 18th July 2003.
10- Ⅰ :www.c-span.org/video/?409539-4¬/nordic-leaders-state-dinner-toasts.
10- Ⅱ : Reghu Rama Das, Grundtvig-Studier 2018. p. 83.
10- Ⅲ : Sri Viswanathan, 2005, www.globalconnections.
10- Ⅳ : Sakamoto. Mamoru, A Lion Aroused: Conversations with Shigeyoshi Matsumae.

  trans. Maurice E. Jenkins. Tokyo. Tokai University Press, 1986, 99-101.
10- V : http://folkschoolalliance.org/feaa-history/
10- Ⅵ : Murphy, D. J. (2018). Folk School Alliance Community of Practice - Models and Inspiration Survey. Unpublished raw data, kindly provided by Dawn Murphy.
10- Ⅶ : www.c-span.org/video/?409539-4/nordic-leaders-state-dinner-toasts
10- Ⅷ : Myles Horton, The Long Haul -An Autobiography, New York/London, Teachers College Press 1998, pp. 52.
10- Ⅸ : Myles Horton, The Long Haul -An Autobiography. New York/London, Teachers College Press 1998, p. 51-52.
10- X : Edicio dela Tore, Interview with Lilian Zøllner. in Grundtvig-Studier 1994, pp. 208-09.

訳者あとがき

日本におけるグルントヴィ

　北欧の国デンマークに関心をもつ人は、N. F. S. グルントヴィの名を耳にしたことがある人も多いのではないかと思う。日本語の観光ガイドにも、グルントヴィが、童話作家のH. C. アンデルセン、哲学者のソーレン・キルケゴールにならび、19世紀デンマーク黄金時代を生きた思想家である、といった紹介文が掲載されている。旅行情報を検索していても、コペンハーゲンに滞在するなら、街の北西部にある黄色いレンガ造りのグルントヴィ教会を訪れると良い、といった書き込みに出くわす。それは、本書の著者アナス・ホルム教授が指摘するとおり、日本にとって、グルントヴィが「まったく見知らぬ人」というわけではないからこそなのかもしれない。

　実際に、日本語の文献を振り返ってみても、100年以上前から、グルントヴィはいくつかの文脈において、何度も参照されてきた。

　20世紀初頭、最初にグルントヴィを発見したのは、農政学者たちだった。国を挙げて近代化を模索するなか、農業の近代化に関心を寄せる研究者たちは、デンマークから、生産組合や農業学校といった仕組みを学んだ。それは同時に、国づくりの精神的支柱だったグルントヴィの思想を理解することを意味した。ヨーロッパに6年滞在した矢作栄蔵は、帰国後、「丁抹の生産組合」という小論を著し、グルントヴィに依拠しながら、農民とはどのような存在なのかを説いている[1]。また、矢作が入手したA. H. ホルマンの著作は、門下生の那須皓によって『国民高等学校と農民文明』という題で1913年に訳出され、多くの読者の手に渡った。そして、冒頭には、訳者による次のような「解題」が添えられた。「國民高等學校は通常の意味に於ける學校に非ず。こ

---

[1] 宇野豪, 2003, 『国民高等学校運動の研究』渓水社.

れ、丁抹の詩人たり史家たり愛國者たるグルントウィッヒの國民教育の理想を體現せるもの」である[2]。グルントヴィは、貧しい土地を合理的な農業経営によって豊かな近代国家に再生させた、「國民教育」の祖として紹介された。

そして日本では、「國民高等学校（フォルケホイスコーレ）」は、官製の農業訓練所や自治講習所から、農村伝道のための農民学校まで、1920年代から30年代にかけて、多種多様な教育機関のモデルとなった。1925年にデンマークを訪問した賀川豊彦は、帰国後、キリスト教主義にもとづく農民福音学校を兵庫に開学している。また、東京市職員から農村指導者に転じた平林廣人も、興農学園を静岡に設立している[3]。本書でも触れられているとおり、東海大学の創設者松前重義も、1934年にデンマークを訪問している。デンマークで7校のフォルケホイスコーレを訪問した松前は、教師と学生が生活をともにし、自由に社会を論じる共同体に感銘を受け、帰国後、青年のための学校を設立した[4]。

1980年代以降は、フォルケホイスコーレへの関心とともに、デンマーク社会のもつ自由で民主的な考え方が何に由来するのか、といった観点から、グルントヴィの思想にまで遡る論考も数多く見られるようになった。本書の第10章でも言及されているとおり、清水満氏、そして本書の翻訳者の一人でもある小池直人氏の数々の論考はその代表的なもので、現在につながる、グルントヴィ、そしてフォルケホイスコーレの知識を伝授してくれている。実は、筆者自身も、これらの情報からフォルケホイスコーレを知り、デンマークに留学した経験をもつ。近年もまた、日本の硬直した教育制度や社会規範に疑問を抱く若い人たちのあいだでも、北欧に対する関心が高まっており、フォルケホイスコーレやグルントヴィの考え方をもっと理解したい、という声が聞かれる。

ロンドンでの国際会議

2018年、イギリス・ロンドンで、アメリカのサムフォード大学と本書の

---

2 A.H. ホルマン, 那須皓訳, 1913,『国民高等学校と農民文明』, p. 11.
3 野村武夫, 2018,「YMCA 農村青年塾の源流と成立過程」『YMCA 史学会』会報 No. 72, pp. 1-15.
4 松前重義, 1945,『敗戦デンマークの復興を見よ』東海書房.

著者アナス・ホルム氏が所属するコペンハーゲン大学とが主催するグルントヴィの世界的影響に関する国際会議が開催され、筆者も日本から参加した。国際会議には、本書の英語版の訳者エドワード・ブロードブリッジ氏をはじめ、国籍も年齢も異なる約50名の参加者が集まり、150年前に没した一人の思想家について4日間にわたって話し合った。

　フォルケホイスコーレのスタイルで開催されたセッションやパネルディスカッション、ラウンドテーブル、そして夜な夜な出かけたパブやレストランで、私たちの会話は尽きることはなかった。私自身は、二つの関心をもって、この会議に参加していた。ひとつは、21世紀にグルントヴィを理解するということはどのような意味をもつのか、という点である。世俗化が進み、詩のもつ力が衰え、情報機器に囲まれ人と対話をする時間を失っている現代人が、グルントヴィの考えをどのように理解できるのか。興味深いことに、これは多くの参加者にとっても共通の関心だった。もうひとつは、グルントヴィの思想から読み取れる強い祖国愛、愛国心、愛郷心から、どのようにグローバルな思想を読み込むことができるのか、という関心である。実際に、1920年代から1930年代にかけて上に言及したような日本の先人たちがグルントヴィから学んだのは、衒いのない愛国心だった。グルントヴィの影響という観点からすると、当時設立された各種の学校のなかには、精神修養を重視し、青年たちを満州開拓移民として送り出すための、修養道場へと転化していったところもある。これは、グルントヴィ思想を受容する側の、当時の社会的文脈によるものなのか、それともグルントヴィ思想に内在する一般的な問題なのか。

　国際会議では、各国から、様々な年代の、グルントヴィの影響を学んだ。例えば、韓国におけるグルントヴィの影響が、1920年代、日本による植民地支配と不可分であることを知った。また中国についての報告からは、1920年代、雷沛鴻（Lei Peihong）という教育者が貧しい地域に住む子どものための、また教育を受けられなかった人たちのために成人教育制度を整備し、

訳者あとがき　　233

後に「中国のグルントヴィ」と呼ばれるようになったことを学んだ[5]。それぞれの社会状況が、グルントヴィ思想を吸収しその地に根づかせてきたといえるのかもしれないが、日本における受容については、さらなる研究が必要である。

グルントヴィのことば

けれども、これらの多義性ですら、グルントヴィ思想の一面にすぎない。本書を読むと、グルントヴィが実に多様な側面から、理想とする人間そして社会像を説明しようと、聖書やギリシャ神話、北欧神話、文学や同時代の詩、哲学、政治思想から学び、豊潤なことばを紡いできたことがわかる。

精神性を重んじるグルントヴィにとって、ロマン主義の影響は大きい。序に紹介されている彼の半生を読むと、グルントヴィが、初恋の人や3人の妻との関係から大きな影響を受けてきたことがわかる。この点は、第1章でホルム教授が解説するように、口承で伝えられてきた北欧神話から、「私」が立ち上ってくる意味や、民族が何を保持してきたのかという、常に一貫性を求める考察にも重なる。また、第4章において解説されているとおり、民族・民衆の役割を歴史に求め、史実と生き生きとした対話を行うことこそが、我々自身を学ぶことになる、とグルントヴィは考えた。深く人間の内面に沈み込むような省察と、それを一気に表出させる、無数の詩歌、散文、説教、論文が、グルントヴィにおいてはひとつのまとまった活動だった。

ただし、グルントヴィ思想の興味深い点は、そのようなロマン主義的解釈にとどまらない。よく知られているとおり、グルントヴィのフォルケホイスコーレ構想は、既存の制度や法、社会のあり方の根底を覆すような、オルタナティブな高等教育に関する構想だった（第5章）。また、現実政治に対する関心も、常に鋭い批判的態度によって貫かれていた（第7章）。実際に国会議員としても選出されたグルントヴィは、議会の内外で、代表制政治について、自由憲法について、国王の権力と民衆の声とのバランスについて、奴

---

[5] Ge WEN, 2013, The Deep Coinherence, pp. 238-239, https://grundtvigcenteret.au.dk, 2023.3.3.accessed.

隷制について、暴力的な革命について、批判的に論じてきた。そこには、ロマン主義的な内省を超えて、現状を是としない批判的態度が常に見られるが、時には一貫していないように見える各々の主張にも、デンマークという国に対する期待――そしてそれは人間が作り出す世界のことでもある――が込められていることがわかる。

　本書の訳出は、エドワード・ブロードブリッジ氏による英訳版『概説グルントヴィ（The Essential N. F. S. Grundtvig）』（Filo 2019）と、原書デンマーク語による『グルントヴィ案内（Grundtvig - En introduktion）』（Filo 2018）に基づいている。両者に相違が見られた場合は、デンマーク語版を優先し、必要な箇所については、著者のホルム教授に問い合わせた。

　本書は、ロンドンでの国際会議の後に発足した研究ネットワークの成果のひとつである。2020年から数年間、新型コロナウィルス感染症の流行により、国境を越えた移動が制限されたが、グルントヴィ・アカデミーのイングリッド・アンク氏が世界各地の研究者に呼びかけ、本書の各国版を作成するプロジェクトが発足した。本書を訳出する過程で、ホルム教授のグルントヴィ思想に対する、洞察に富む解釈に触れることができたのは、なによりも大きな喜びだった。また、共同での翻訳作業は、グルントヴィ思想について相互に学びあう機会となった。それは、今、振り返ると、引きこもりがちだった時期に根源的な問いをともに考える対話のプロセスそのものだったように思う。最後に、市民的公共性に深い関心を寄せ、日本におけるグルントヴィ思想のこれからの影響力を信じて、本書の編集を担当してくださった、花伝社の大澤茉実さんに、訳者一同、心からの感謝を申し上げる。

2024年7月
訳者を代表して　坂口　緑

索引

序　グルントヴィの生涯
ヴァルトウ教会　17
ヴァルトウ病院教会　14
ウズビュ　11, 12
エルステッズ, H. C.　13
救世主教会　13
教会の応酬　14
ギリシア神話論　14
キルケゴール, セーレン　9, 16
クラウセン, H. N.　14
グルントヴィ派　17
ケーエ　17
憲法制定議会　15
国民性（フォルケリヘズ）　15
サクソー　13
シューボーエ　12
スノッリ　13
スレースヴィ公国　15, 16
絶対王政　15
ソアのフォルケホイスコーレ　15
代議制政府　15
デンマーク　11, 14, 15, 16, 17
デンマーク国教会　13, 14, 16
デンマーク国教会のための歌集　14
デンマーク人　15, 16
トフト, マリエ　16
ノルウェー　16
ハンブルク　16
ビスマルク　16
ファルスタ　12
フォルケホイスコーレ　14, 15

ブリッヒャー, エリザベス・リセ　12, 13, 16
プロイセン軍　16
ベーオウルフ　13
北欧神話論　12, 14
ホルスタイン公国　15, 16
マリエの喜び（マリエリュスト）　16
リーツ, アスタ　16
ロマン主義　11, 12

第1章　ロマン主義者
アース神族　32, 36, 38
エーレンシュレアー, アダム　21
エルステッズ, H. C.　21, 23
神々への陶酔　33
ギュナスレウの森　33, 34, 38
国家的啓蒙　21
シェリング, フリードリヒ　21
ジュエル, イエンス　26
シラー, フリードリッヒ　21
ステフェンス, ヘンリーク　21
セイレーン　30
ソア　33
チュルエ　28
トーシン　28
フュン　28, 29
フリードリッヒ, カスパー・デヴィッド　24
ブリヒャー, ステーン・ステーンセン　21
ヘルダー, ヨハン・ゴットフリート　21

マタイによる福音書　31
モルベック　33
ヨハン・ゴットリープ・フィヒテ　21
レス, コンスタンス　28, 30
ロマン主義　19, 20, 21, 22, 23, 24, 33

第2章　神話論者
生きたことば　44
異教徒　42, 44, 55
ヴァレキュレ・フォルケホイスコーレ　49
ヴィッゲ　49
エイステン・ベルヤ王　56
エグヴァルド王　56
エズフムラ　54, 55, 56
エッダ　42, 48
オーディン　41, 45, 53
ギヌンガガップ　55
巨人族　43, 46, 48
巨人ユミル　46, 55
ギリシア神話　42
クラキ, ロルフ　49, 52
詩的民族集団　56
スキュル　51
スキョル　52
スクルド　49
創造神話　55
デンマーク韻文年代記　56
ナラティヴ教育　44
ノルン　46
万物の父　46, 47, 48
ビャルケ　48, 49, 50, 51, 53
ビャルケ, ボズバール　49
ヒャルテ　49, 51, 53
ヒャルトヴァル　49, 51, 52, 53

ヒルドル　50
フェンリレ狼　53
フレーリッヒ, ローレンツ　51
北欧神話（論）　42, 43, 44, 45, 46, 47, 48, 50, 53, 54, 55, 56
ライレ　52, 53
ラグナロク　46, 49, 50, 53
リムスルス　55, 56
ルアー　50, 52, 53

第3章　牧師
Nephew　72
イエス　64, 65, 67, 71, 77, 78
イギリス旅行　66
エイレナイオス司教　65, 67
エドムンド卿・ゴッセ　70
カトリシズム　76
教区　63, 64, 66
キリスト教会史　62
キンゴ, トーマス　68
啓蒙神学者　63
口承伝達　65
功利主義　64
国王フレゼリーク6世　66
コペルニクス　63
サクラメント　65
三位一体　64
シベルン　60
社会意識　64
神学　60, 64, 65, 66, 68, 76
聖書原理主義者　63
洗礼　63, 65, 66, 67, 68, 75
ダルスコー, クリスチャン　61
七つの教会　62
聖餐　65, 66, 68

索引　237

批判的理性　77
福音　64, 75
プレステー　64
ブロアセン, ハンス・アドルフ　68
プロテスタンティズム　76
プロテスタント・キリスト教　66
ペーターセン, K. S.　73
北欧史　72
南シェラン　64
預言者　62, 68, 70
ヨハネによる黙示録　62
リヨン　65
ルター派　66, 67, 68, 69, 77
ルター, マルティン　62, 63, 78
レンボー, アドルフ　70

第4章　歴史家
アロンソ　94
イザベラ　94
ヴィンセント　94
エクセター大学　87
クリストファー　95
ケンブリッジ大学トリニティ・カレッジ　87
コロンブス, クリストファー　87, 92, 93, 94, 95
サン・サルバドル　94
詩的精神　88
史料批判　84, 86, 88
進化論　84
ステフェンス　84, 85
聖クリストファー　95
世界史ハンドブック　82, 92, 93
世界年代記　82, 85, 92
創世記　85

ダーウィン　84
大英博物館　87
チアーナ, ロドリーゴ・ド・　94
帝国主義　92, 93
デーンの防塁　86, 88, 89
トールキン, J. R. R.　87
パロス　93, 94
ピンソン兄弟　94
フェルディナンド　94
フレーリヒ, ローレンツ　89
ベストヴィルク音楽・スポーツ継続学校（旧ベストヴィルク・フォルケホイスコーレ）　89
ボルク　95
連続講義　95
民衆　85, 86, 88, 93
民衆教育　88
連続講義　95

第5章　教育者
生きた相互作用　105
ヴァレキレ・ホイスコーレ　107
エンパワーメント　106
義務教育　103
教会学校　111
グラマー・スクール　110
敬虔主義　103
啓蒙主義　102, 103
口承　105
高等学校　112
初等教育　112
ショルテの学校　101
身体性　105
スコウゴー, ヨアキム　107
生活様式　112

238

生の教育　106
生のための学校　104, 110
生のための教育　103
第一次スレースヴィ戦争　104
対話　105, 106, 107
デンマーク　103, 104, 105, 106, 107, 112
デンマーク協会　107
陶冶　106
トリア , エルンスト・　107
フォルケホイスコーレ歌集　106
普通学校法　103
フリースクール　102
ペスタロッチ , ヨハン・ハインリッヒ
　103
ベル＝ランカスター法　105
母語　112, 113, 115, 116
ルソー , ジャン＝ジャック　103
レディング　106
ロック , ジョン　103

第6章　讃美歌作家
イースター　121, 124, 127, 128, 129
キンゴ , トマス　123
クリスマス　124, 125, 126, 127
グルントヴィ・インマヌエル教会　130
出エジプト記　120
デンマーク国教会　123, 124
デンマーク讃美歌集　127
ブロアソン , ハンス・アドルフ　123
ベツレヘム　121, 124, 126
ペンテコステ　122, 124, 129, 130
ルカによる福音書　124, 125, 126

第7章　政治家
下院議員　138

カルヴァン派　143
救貧院　147, 148
国教会　143, 144
クリスチャン八世　137
憲法制定会議　137, 144, 147
黒人奴隷制度　138
国民教会　145
国王と民衆　141
国家扶助　147
市民権　140, 143
自由憲法　137
上院議員　138
シング（集会）　141
信仰の自由　137, 140, 143, 144, 145, 147
信仰の自由について　144, 146
代議制政府　137
代表制政治　137
統治形式　138, 141
トール　142
奴隷制廃止　140
西インド諸島　138, 140
バプティスト　140, 143
ハンセン , コンスタンティン　136
貧困税　147
フランス革命　137
フレゼリーク七世　137, 139
フレデリクスボー博物館　136
貿易の自由　147
ホームスクーリング　140
身分制諮問議会　137
民主主義　137, 138
民主主義憲法　136, 139
ミンスター , J. P.　140
ユグドラシル（世界樹）　141
立憲君主制　137

索引　239

礼拝の自由　143, 144, 145
ロキ　142
ワルハラ　141

第8章　デンマーク人

欧州連合　157
国民自由党　156
国民精神　152, 155
国民的（フォルケリ）　162, 163, 165
国民（フォルク）　162, 163, 164, 165
シェイクスピア　160
使徒言行録　155
スウェーデン　152, 159
スレースヴィ　152, 164
生の学校　153
第一次スレースヴィ戦争　152, 159
デンマークらしさ　152, 154, 157, 161
ドゥッブルの戦い　152
ナポレオン戦争　152
ハムレット　160
プラム，クリステン・ヘンリクセン　157
ポーランド　161
ホルスタイン　152

第9章　デンマークにおけるグルントヴィの遺産

アスコー・ホイスコーレ　174
イェルブド，マリアンヌ　179
インナー・ミッション　168, 169, 173
エーレッケの荘園　170
オークン，イダ　179
オーフス大学　175
共通財　172
協同組合運動　172
グルントヴィ・アカデミー　169

グルントヴィ協会　173
グルントヴィ教会　176
グルントヴィ研究　174
グルントヴィ図書館　169
グルントヴィ・フォーラム　169
国民意識　180
コック，ハル　173, 174
コペンハーゲン　168, 169, 172, 174, 176
コル，クリステン　170
社会自由党　179
社会人民党　179
宗教復興運動　170
自由党　178, 179
スコーゴー，ニールス　171
対話としての民主主義　173
タニング，カイ　175
デンマーク国民党　178
デンマークフォルケホイスコーレ協会　172
デンマークフォルケホイスコーレ・農業大学協会　172
フリースクール法　171
ブロードブリッジ，エドワード　175
弁証法神学　174
ホーダー，ベアテル　179
マラソン・ソングデー　171
民衆による統治　173
ラングバッレ，イェスパー　178
労働者ホイスコーレ　173

第10章　世界のなかのグルントヴィ

N. F. S. グルントヴィ　199
アクティブ・シチズンシップ　183, 192
アスパイアアルティザンスタジオ・フォークスクール　205

アバナシー,ラルフ　207, 210
アメリカのデンマーク福音ルター教会　201
アメリカの福音ルター教会（ＥＬＣＡ）　203
アメリカ・フォークエデュケーション協会　204, 206
アラバマ　209, 211
アルビュタス・フォーク・スクール　205
イ・チャンガプ　199
インターナショナル・ピープルズ・カレッジ（ＩＰＣ）　186
インド独立運動　189
ヴィスワナサン,K.　192, 194
ウェスト・デンマーク　204
ウォーターマン＝ホーイ,ステイシー　205
内村鑑三　196, 197, 199
エスビヤー　209
エンパワーメント　187
欧州連合　184
オズンバ,カチ.E.　188
オバマ,バラク　183, 207, 208
オ・ヨンホ　200, 201
オルタナティブ教育　201
カナダ　187, 201, 202, 203
カビール,ムバト・ファテマ　195
カリフォルニア　201, 204
ガンジー　189
キム・ヒオク　200
キャンベル,オリーブ　206, 207
キリスト教　189, 213
キング・ジュニア,マーティン・ルーサー　207

グムトル・エフタスコーレ　200
グランドビューカレッジ　203
グルクラ制度　194
グルップ,カーラ　205
クルナ県　196
グルントヴィ・インスティテュート　188
グルントヴィ・インターナショナル・セカンダリースクール　188
グルントヴィ協会デンマーク人会　201, 202
グルントヴィ工科専門学校　188
グルントヴィ・プログラム　184
小池直人　198
公民権　207, 209, 210
国民高等学校　196
ベジョイプル・ゴノビドヤラヤ　195
サガトゥーン　186
シーガー,ピート　209, 210
清水満　198
ジャダフプール大学　190
シャンティニケタン　192
自由　197, 204, 213
生涯教育　184
ジョン・C.キャンベル・フォーク・スクール　192, 206, 207
ジョンソン,ジェラルディン　205
ジョン・マドセン・フォーク・スクール　202
ジルフィア　209
スコウンラント,グンヒルト　186
スコーネ地方　186
スリーパインズファーム・フォークスクール　205
生の啓蒙　199

索引　241

セヴァ・マンディール寄宿学校　189
セルマ　211
ソルバング　204
第二次世界大戦　197, 202, 209
タゴール, ラビンドラナート　192
ダス, レグ・ラマ　190, 192
ダネボ・フォーク・スクール　203
ダネボ・フォーク・ミーティング　203
タンザニア　186
チェンナイ　189
千葉忠男　187
中国　184, 187, 196, 199
朝鮮戦争　199
チョン・スングァン　200
デラトーレ, エディシオ　213, 214
デンマークアメリカセンター　204
デンマーク関係者会議　203
デンマーク国教会　208
ドイツ　187, 197, 199
東海大学　197, 198
ナイジェリア　184, 187, 188
日本　184, 187, 196, 197, 198, 199
日本グルントヴィ協会　198
ニューマーケット　211
ニューヨーク州立大学コブルスキル校　206
ノーフュンスホイスコーレ　187
ノックスヴィル　211
パーク, ケイ　206
パークス, ローザ　209, 210, 211
バーミンガム　187
ハイランダー研究教育センター　210
ハイランダーズ　209
ハイランダー・フォーク・スクール　192, 207, 208, 209

バッタカリヤ, アショケ　190
バトラー, マルグリット　207
ハンガリー　184, 187
バングラデシュ・コミュニティ教育協会（ＢＡＣＥ）　194
ファーストラップ・モーテンセン記念講演会　204
フィアクロフト・カレッジ　187
フィリピン生のための教育財団　213
フィンランド　184, 186
ブッゲ, K.E.　186
プルム人民高等学校　199
プルム農業高等技術学校　199, 200
フレゼリーク・ランゲ・グルントヴィ　201, 203
プロティグヤ・パリシャッド　195, 196
ベイカー, エラ　208
ペーターセン, アネ・マリ　189
ヘルシンガー　186, 209
ベレア・カレッジ　206
ヘンリク・ブレドモセ・シモンセン　204
ボーゲンセ　187
ホートン, チャリス　210
ホートン, マイルス　208, 210, 211, 212
ボーロップス・ホイスコーレ　208
北欧諸国　186, 187, 189, 193, 207
マーフィー, ドーン　204
松前重義　197, 198
マナブラタン・ケンドラ　196
マンニッチ, ピーター　186
ミトラニケタン　190, 191, 192, 193, 194
ミネソタ　201, 203, 205
メソジスト　209
モーテンセン, イーノック　208

モカムエル，タンヴェイ　196
モラー，アーゲ　208
モンテグル　209, 210
ヨーロッパ学術センター　198
ヨーロッパ成人教育協会（EACEA）
　184
ラムジー，ジョン　206
ルイス，ジョン　207
ロンドン　184
ワーカーズ・カレッジ　209

訳者略歴（五十音順）

小池直人（こいけ・なおと）序、第1章、第2章、第3章、第4章
思想史研究者。著書に『〈改訂版〉デンマークを探る』（風媒社、2005）、『福祉国家デンマークのまちづくり』（共著、かもがわ出版、2007）、『デンマーク共同社会（サムフンズ）の歴史と思想』（大月書店、2017）、訳書に H. コック『生活形式の民主主義』（花伝社、2004）、コック『グルントヴィ』（風媒社、2007）、N. F. S. グルントヴィ『グルントヴィ哲学・教育・学芸論集』1～4（風媒社、2011~24）がある。

坂口緑（さかぐち・みどり）はじめに、第6章、第10章
明治学院大学社会学部教授。専門は、生涯学習論、市民社会論。博士（教育学）。著書に『生涯学習と地域づくりのハーモニー』（共著、学文社、2023）、『デンマーク式生涯学習社会の仕組み』（共著、ミツイパブリッシング、2022）、『フォルケホイスコーレのすすめ』（共著、花伝社、2022）、訳書に A. R. ホックシールド『タイムバインド』（共訳、ちくま学芸文庫、2022）、M. サンデル『民主政の不満』（共訳、勁草書房、2011）がある。

佐藤裕紀（さとう・ひろき）第5章、第9章
新潟医療福祉大学健康科学部講師。専門は、比較教育学、生涯学習論。修士（教育学）。主な著書に『北欧の教育再発見』（共編著、明石書店、2023）、『北欧の教育最前線』（共編著、明石書店、2021）、『デンマーク式生涯学習社会の仕組み』（共著、ミツイパブリッシング、2022）、『フォルケホイスコーレのすすめ』（共著、花伝社、2022）、『若手研究者必携比較教育学のアカデミックキャリア』（共著、東信堂、2021）、『ヒューマンライブラリー』（共著、明石書店、2018）。

原田亜紀子（はらだ・あきこ）第7章、第8章
東海大学北欧学科特任准教授。専門は、比較教育学、シティズンシップ教育論。博士（教育学）。主な著書に『デンマークのユーザーデモクラシー：福祉・環境・まちづくりからみる地方分権社会』（共著、新評論、2005）、『デンマークのシティズンシップ教育：ユースカウンシルにおける若者の政治参加』（慶應義塾大学出版会、2022）、『デンマーク式生涯学習社会の仕組み』（共著、ミツイパブリッシング、2022）、『北欧の教育再発見：ウェルビーイングのための子育てと学び』（共著、明石書店、2023）。

アナス・ホルム（Anders Holm）
1973年生まれ。コペンハーゲン大学神学部准教授。2007年にN. F. S. グルントヴィとS. キルケゴールに関する論考でオーフス大学より博士学位を取得。2011年より学術誌『グルントヴィ研究』の編集委員を務める。2016年にはアメリカのアラバマ州バーミンガムにあるサムフォード大学客員教授。教育や講演、作家活動を通じて、デンマーク国内外でグルントヴィの著作や遺産の研究と普及に貢献している。本書を除く著書に『歴史と反響——N. F. S. グルントヴィの「デーンの防塁」誌研究』(*Historie og Efterklang, En Studie i N. F. S. Grundtvigs Tidskrift Dannne-Virke*, Odense Universtetsforlag, 2001)、『キルケゴールとグルントヴィ——同時代思想家の相互批判』(*To Samtidige: Kierkegaards og Grundtvigs Kritik af hinanden*, Copenhagen, Anis, 2009)、『グルントヴィ案内とテクスト』(*Grundtvig, En Introduktion og tekster*, Systime, 2012) などがある。

JORCK's FOND
Konsul George Jorck og Hustru Emma Jorck's Fond

本書はKONSUL GEORGE JORCK OG HUSTRU EMMA JORCK'S FONDによる支援のもと、刊行されています。

概説　グルントヴィ——近代デンマークの礎を築いた「国父」、その思想と生涯

2024年9月10日　初版第1刷発行

著者————アナス・ホルム
訳者————小池直人／坂口緑／佐藤裕紀／原田亜紀子
発行者———平田　勝
発行————花伝社
発売————共栄書房
〒101-0065　東京都千代田区西神田2-5-11 出版輸送ビル2F
電話　　　03-3263-3813
FAX　　　03-3239-8272
E-mail　　info@kadensha.net
URL　　　https://www.kadensha.net
振替　　　00140-6-59661
装幀————北田雄一郎
印刷・製本——中央精版印刷株式会社

©2024　Anders Holm／小池直人／坂口緑／佐藤裕紀／原田亜紀子
本書の内容の一部あるいは全部を無断で複写複製（コピー）することは法律で認められた場合を除き、著作者および出版社の権利の侵害となりますので、その場合にはあらかじめ小社あて許諾を求めてください
ISBN978-4-7634-2133-3 C0037

フォルケホイスコーレのすすめ
デンマークの「大人の学校」に学ぶ

矢野拓洋／松浦早希／松永圭世／真庭伸悟／
一般社団法人IFAS 編著

定価　1980円

●今、あらためて注目を浴びるデンマークの"学び直しの場"

「幸福の国」デンマークを根源から支えるフォルケホイスコーレ。その歴史からデンマークにおける位置づけ、日本への導入を目指した実践的取り組みなどを、多彩な執筆陣が紹介。